Basiswissen Grundschule

Band 22

Lernen an Stationen im Sachunterricht

von

Silke Pfeiffer

Schneider Verlag Hohengehren GmbH

Basiswissen Grundschule

Herausgegeben von:
Band 1 bis 18: Jürgen Bennack
Ab Band 19: Astrid Kaiser

Die Reihe „Basiswissen Grundschule“ ist einem schüler- und handlungsorientierten, offenen Unterricht verpflichtet, der auf die Stärkung einer selbstständigen, sozial verantwortlichen Schülerpersönlichkeit zielt.

Umschlagfoto: Silke Pfeiffer

Gedruckt auf umweltfreundlichem Papier (chlor- und säurefrei hergestellt).

Bibliografische Information der Deutschen Nationalbibliothek

Die Deutsche Nationalbibliothek verzeichnet diese Publikation in der Deutschen Nationalbibliografie; detaillierte bibliografische Daten sind im Internet über ›http://dnb.d-nb.de‹ abrufbar.

ISBN: 978-3-8340-0194-8

Schneider Verlag Hohengehren, Wilhelmstr. 13, D-73666 Baltmannsweiler

Printed in Germany – Druck: Druckerei Hofmann, Schorndorf

Inhaltsverzeichnis

Vorwort der Reihenherausgeberin VII

Zum Anliegen des Buches – Vorwort der Autorin IX

I. Einführung

1. Struktur, Ziele und Bedeutsamkeit des Lernens an Stationen im Sachunterricht 2
2. Lernvoraussetzungen der Kinder 3
3. Hinführung zum Thema, Planungsgespräch, Zeit- und Arbeitsplan 4
4. Regeln und Raumgestaltung 6
5. Präsentation und Leistungsbeurteilung 7
6. Verwendete Symbole 9

II. Lernen an Stationen zu einzelnen Themen

1. Steine 12

1.1 Was man wissen sollte 12

1.2 Lernziele 14

1.3 Einführung in das Thema: Als Steindetektive unterwegs 15

1.4 Aufbau der Stationen – Übersicht 16

1.5 Materialien 17

1.6 Literatur und Internetadressen 39

2. Zeit 40

2.1 Was man wissen sollte 40

2.2 Lernziele 42

2.3 Einführung des Themas 42

2.4 Aufbau der Stationen – Übersicht 44

2.5 Materialien 45

2.6 Literatur und Internetadressen 67

3. Wasser 68

3.1 Was man wissen sollte 68

3.2 Lernziele 70

3.3 Einführung des Themas 71

3.4 Aufbau der Stationen – Übersicht 72

3.5 Materialien 73

3.6 Literatur und Internetadressen 97

4. Bäume 98

4.1 Was man wissen sollte 98

4.2 Lernziele 101

4.3 Einführung des Themas 101

4.4 Aufbau der Stationen – Übersicht 105

4.5 Materialien 106

4.6 Literatur und Internetadressen 133

5. Räume erkunden 134

5.1 Was man wissen sollte 134

5.2 Lernziele 136

5.3 Einführung des Themas: Matrioschka-Spiel 137

5.4 Aufbau der Stationen – Übersicht 139

5.5 Materialien 140

5.6 Literatur und Internetadressen 165

6. Freundschaft 166

6.1 Was man wissen sollte 166

6.2 Lernziele 168

6.3 Einführung des Themas 169

6.4 Aufbau der Stationen – Übersicht 171

6.5 Materialien 172

6.6 Literatur und Internetadressen 193

III. Ausblick

Schlusswort 196

Nachwort und Dank 198

Vorwort der Herausgeberin der Reihe

Stationenlernen ist der gegenwärtige Methodenhit in der Schule – wenn auch mehr für Vorführstunden, weil der Aufwand der Vorbereitung sehr hoch ist. Auch bei Studierenden ist diese Methode hoch im Kurs.

Seit einigen Jahren merke ich bei Lehramtsprüfungen, dass Studierende mit Begeisterung das Stationenlernen im Sachunterricht bevorzugen. Man kann fast sagen, dass sie diese Methode vergöttern. Doch sehr oft musste ich feststellen, dass der didaktische Sinn in den Stationenaufbauten für den Sachunterricht fehlte. Da gab es hier ein Schneckenhaus und dort ein Blatt zur Benennung der Körperteile der Schnecke, dort eine Knetaufgabe. Oft habe ich in derartigen Lernstationen nur Beschäftigungstherapie ohne didaktischen Sinn gesehen. Nicht ohne Grund schrieb ich 2004 in „Basiswissen Sachunterricht“ zusammen mit meinem Mitherausgeber einige Bedenken zum Stationenlernen auf. Wir warnten vor der bloßen Arbeitsblattanhäufung oder der Gefahr, dass irgendwelche Tätigkeiten aneinander gereiht werden, ohne dass dabei eine systematische Anregung der Lernentwicklung der Kinder erfolgt. Wir sahen es als problematisch an, dass um der Stationen willen das forschende Lernen der Kinder, das Beobachten und Untersuchen, das Entdecken und Vergleichen zu kurz kommt.

Meine Sorgen und Bedenken gegen das Stationenlernen hat Silke Pfeiffer in diesem Buch samt und sonders aufgeräumt. Ja sie hat sie sogar ins Gegenteil gekehrt. Noch nie habe ich ein Konzept von Stationenlernen gesehen, das einerseits so lernförderlich für die Kinder ist und gleichzeitig so hilfreich für Lehrerinnen und Lehrer.

Gerade die doppelte Unterstützung für Lehrpersonen und lernende Kinder ist eine besondere Kunst dieses Buches, denn

1) Silke Pfeiffer unterstützt Lehrpersonen, indem sie zu jedem Thema leicht und verständlich aufschreibt, „was man wissen sollte“.
   - Dabei vermittelt sie kurz und knapp und doch außerordentlich verständlich das wichtigste Fachwissen ohne mit Fachwörtern Druck auszuüben. So sind Lehrpersonen schnell und eingängig orientiert, die Kinder fachlich angemessen zu orientieren und auf ihre Fragen zu antworten.
   - Noch kürzer schreibt sie auf, mit welchen Lernzielen zu den jeweiligen Stationen gearbeitet werden kann.
   - Bei der Materialpräsentation hilft sie durch die vielfältigen Fotos, die mühselige Vorbereitungsarbeit für das Stationenlernen wesentlich zu verkürzen. Mit diesem Buch allein ist die ganze Materialvorbereitung bereits gelungen. Klare Fragen, spannende Aufgabenstellungen (wie unter das Foto eines Baumes die Wurzel zu zeichnen) und übersichtliche Anordnung zeichnen diesen Materialteil aus.

- Bei der Organisation des Materials ist sie hilfreich, indem sie Übersichten gibt, welches Pflichtaufgaben, Wahlpflichtaufgaben und Wahlaufgaben sind. Durch Symbole wird auf jeder Seite sichtbar, ob hier gemalt, geschrieben, diskutiert oder ausgeschnitten werden soll.

2) Silke Pfeiffer ist gleichzeitig an der Seite der Kinder, sie fördert sie, fordert sie zum Denken heraus, indem sie interessante Denkanregungen gibt, die den Kindern Spaß machen.
   - Die Anregungen fördern die Kreativität der Kinder, es werden Geschichten oder ästhetische Präsentationen wie Steinmosaike angeregt.
   - Es gibt klare Hilfestellungen, damit Kinder die Aufgaben selbstständig bewältigen können. Etwa beim Thema Bäume wird nach Blattformen gefragt. Mit grafischen Symbolen hilft sie den Kindern zu verstehen, was mit oval-rund oder dreieckig gemeint ist.
   - Es gibt eindeutige Anweisungen. So wird das Umfangmessen von Bäumen mit dem Maßband im Foto gezeigt.
   - Es wird geholfen, ein breites Sachwissen zu gewinnen, so werden die Steinarten klar fotografiert und mit Namen benannt, aber auch zum Ausschneiden angeboten, um dann die Kärtchen wieder selbstständig zuzuordnen.
   - Wissenshungrigen Kindern werden zusätzliche Informationen geboten.

Insgesamt ist ein sehr handliches Praxisbuch entstanden, das Stationenlernen zu den Themen Steine, Zeit, Wasser, Bäume, Raum und Freundschaft anschaulich und übersichtlich vorbereitet, so dass Lehrerinnen und Lehrer nur noch das vorbereitete Material einsetzen müssen. Die Vielzahl an Fotos schafft es, dass viele außerschulische Lernorte präsentiert werden. Lehrpersonen steht es nun offen, direkt vor Ort zu gehen oder das präsentierte Bildmaterial zu verwenden.

Häufig sind Theorien sehr anspruchsvoll und Praxisanregungen, oft nur eindimensional. In Silke Pfeiffers Buch zum Stationenlernen im Sachunterricht passen dagegen Theorie und Praxis gut zusammen.

Es ist wahrhaftig ein Praxisbuch entstanden, bei dem der große Vorbereitungsaufwand für Stationenlernen bei 6 umfangreichen Themenbereichen schon vorher gelöst ist. So hilft dieses Buch, sinnvolles Stationenlernen in die Praxis umzusetzen.

Den Kindern im Lande bleibt nur eines zu wünschen, dass möglichst viele Lehrerinnen und Lehrer dieses Buch kennen und zur Unterrichtsvorbereitung nutzen. Dann wird Sachunterricht lebendig, interessant und trägt zu umfassendem Wissen für alle Kinder bei.

Als Herausgeberin der Reihe und Sachunterrichtsdidaktikerin bleibt mir nur eines übrig:
Silke Pfeiffer für dieses hervorragende Praxisbuch zu danken.

Oldenburg im Winter 2007 Astrid Kaiser

Zum Anliegen des Buches – Vorwort der Autorin

Mit dem vorliegenden Buch, das sich vor allem an Studierende für das Lehramt an Grundschulen und Lehrpersonen des Faches Sachunterricht wendet, beabsichtige ich, Impulse und direkt umsetzbare Unterrichtsvorschläge für die Praxis des Faches zu geben, die es ermöglichen, kooperatives und soziales Lernen mit Handlungsorientierung zu verbinden. Dabei geht es mir sowohl darum, vielfältige Möglichkeiten methodischer Zugangsweisen aufzuzeigen, z. B. der ästhetischen oder kommunikativen Auseinandersetzung mit dem Lerngegenstand, als auch um die Integration verschiedener Zieldimensionen, z. B. kognitives und emotionales Lernen. Inhalte und Methoden orientieren sich am Konzept des mehrperspektivischen Sachunterrichts, das bereits in den 70er Jahren entwickelt wurde und wegen seiner Differenziertheit auch gegenwärtig in der Fachliteratur viel Anerkennung erhält.[1] Dieses Konzept zielt darauf ab, sozialwissenschaftlich-politische und naturwissenschaftliche Inhalte und unterschiedliche Lernwege der Kinder zu integrieren. Aktuelle Diskussionen um ein neues Kerncurriculum für den Sachunterricht, das es ermöglichen soll, die Lebenswirklichkeit der Kinder und die tradierten Themenkataloge von Richtlinien und Lehrbüchern sinnvoll miteinander zu verbinden[2], stellen eine Weiterführung dieses Konzepts dar und wurden ebenfalls bei der inhaltlich-methodischen Ausrichtung des Buches berücksichtigt.

Wenn es durch einen guten Sachunterricht gelingt, den Schülerinnen und Schülern mehr Orientierung und eine nachhaltige Erweiterung ihrer Kompetenzen zu ermöglichen, dann werden sie damit auch befähigt, dem Leben gegenwärtig und zukünftig fragend, entdeckend und optimistisch zu begegnen. Guter Sachunterricht zeichnet sich u. a. (wie jeder Unterricht) durch klare Strukturierung, Methodenvielfalt und sinnstiftendes Kommunizieren aus.[3]

Ohne Zweifel ist es wichtig, solche Ansprüche immer wieder vor dem Hintergrund der Bedürfnisse und Möglichkeiten von Grundschulkindern und den gesellschaftlichen Anforderungen zu reflektieren. Als langjährige Lehrerin weiß ich aber auch, wie schwer es ist, diese in der täglichen Praxis umzusetzen.

Das Buch gibt den Lehrpersonen zu den einzelnen Sachunterrichtsthemen das nötige Sachwissen an die Hand und fokussiert davon ausgehend Zieldimensionen der Auseinandersetzung mit dem Thema im Unterricht. Die vielfältigen methodischen Vorschläge ermöglichen einerseits eine sachangemessene Umsetzung und anderseits unterstützen sie das individuelle und differenzierte Arbeiten der Schülerinnen und Schüler.

---

[1] vgl. Meiers, Kurt (2004): Sachunterricht für den Schulanfang. In: Kaiser, Astrid/Pech, Detlef (Hrsg.): Lernvoraussetzungen und Lernen im Sachunterricht. Basiswissen Sachunterricht. Band 4. Baltmannsweiler, 167–172

[2] vgl. Kaiser, Astrid (2006): Neue Einführung in die Didaktik des Sachunterrichts. Baltmannsweiler

[3] vgl. Meyer, Hilbert (2004): Was ist guter Unterricht? Berlin

Da Lernen ein ganzheitlicher Prozess der Auseinandersetzung mit unterschiedlichen Symbolisierungen ist (z.B. Texten, Bildern, außerschulischen Lernorten), wurde bei der Erstellung der Unterrichtsmaterialien gestalterischen Fragen ein großer Stellenwert eingeräumt. In diesem Zusammenhang möchte ich allen danken, die mich bei der Umsetzung dieses Buches unterstützt haben. Mein besonderer Dank gilt Hartwig Fortkamp, der durch zahlreiche Fotos zum Gelingen dieses Buches beigetragen hat, und Georg Rabe, Heiko Albrecht und Thole Kurschentat für ihre Hilfe und Unterstützung.

Oldenburg und Rostock, im Winter 2007 Silke Pfeiffer

I. Einführung

1. Struktur, Ziele und Bedeutsamkeit des Lernens an Stationen im Sachunterricht

Die Idee des Lernens an Stationen kommt ursprünglich aus dem Sportbereich, hat aber seit den 80er Jahren auch Eingang in den gesamten Grundschulunterricht gefunden. Gemeint ist damit ein vielfältiges Angebot mehrerer Lernstationen zu einem Thema, das von den Schülerinnen und Schülern in unterschiedlichen, häufig frei gewählten, Sozialformen und Reihenfolgen durchlaufen wird. Die einzelnen Arbeitsstationen sind im Klassenzimmer aufgebaut und bieten z. B. Handlungsmaterial und Anleitungen zu Experimenten, Bücher oder Kopiervorlagen zum Thema. Die Schülerinnen und Schüler bearbeiten in der von der Lehrperson vorgesehenen Zeit Pflicht-, Wahlpflicht- und Wahlaufgaben. Die Lehrperson steht ihnen dabei beratend und helfend zur Seite. Darüber hinaus ist es möglich, „Spezialisten" für die einzelnen Stationen einzusetzen. Dabei handelt es sich um Schülerinnen und Schüler, die bereit und in der Lage sind, Hilfestellungen zu geben.

Lernen an Stationen fördert das selbständige und zielgerichtete Planen und Handeln im Unterricht, Austausch und Kommunikation der Kinder untereinander und baut Handlungs- und Leistungsdruck ab. Den Lehrpersonen ermöglicht es, den Lernprozess der Kinder genauer zu beobachten und gezielter zu fördern.

Speziell für den Sachunterricht ist das Lernen an Stationen eine geeignete Form der Unterrichtsgestaltung, da das handelnde Tätigsein der Kinder hier im Mittelpunkt steht. Vielfältige Lernanlässe (Forschungsaufträge, Beobachtungsaufgaben, Textarbeit, kreatives Gestalten etc.) können so mit den unterschiedlichen naturwissenschaftlichen und sozialwissenschaftlichen Zugangsweisen des Sachunterrichts sinnvoll verbunden und aufeinander bezogen werden.

Die Beschreibungen und Materialien des Buches sind für den Sachunterricht der dritten und vierten Jahrgangsstufe konzipiert, können aber auch im fächerübergreifenden Unterricht eingesetzt werden.

Zur Einführung des Themas wird jeweils ein Vorschlag unterbreitet. In diesem Zusammenhang bietet es sich in einigen Fällen an, das Lernen an Stationen mit einem Unterrichtsgang zu verbinden. So können außerschulische Lernorte aufgesucht und Erfahrungen in der direkten Lebenswelt der Kinder einbezogen werden.

2. Lernvoraussetzungen der Kinder

Wenn Schülerinnen und Schüler eigenverantwortlich und selbstregulativ lernen sollen, ist die Berücksichtigung ihrer Lernvoraussetzungen wichtig. Dabei geht es sowohl um die intellektuellen Möglichkeiten und die individuellen Interessen und Neigungen der Kinder als auch um Erwartungen, die sich auf das Arbeitstempo und die Konzentrationsfähigkeit beziehen.

Hilfreich können in diesem Zusammenhang zunächst folgende allgemeine Fragen sein, die im Vorfeld durch die Lehrperson berücksichtigt werden sollten:

- Wie kann ich die Kinder am besten für das Thema des Stationenlernens motivieren?
- Welche Bezüge haben sie zum Thema?
- Wie viel Zeit benötigen die Kinder im Durchschnitt für die Bewältigung der Aufgaben?
- Ist das beabsichtigte Pensum für alle Kinder zu schaffen und gibt es genug zusätzliche Anregungen für „schnelle Arbeiter"?
- Wie können sich die einzelnen Kinder Sachverhalte am besten aneignen / zu welchem Lerntyp gehören sie (visueller, auditiver, haptischer, intellektueller Lerntyp)?
- Welche Kinder benötigen voraussichtlich Ermutigung oder Unterstützung bei der Bewältigung der Aufgabenstellungen?
- Ist es evtl. sinnvoll, für die konkrete Lerngruppe einzelne der vorgeschlagenen Stationen oder Aufgabenstellungen zu modifizieren, auszutauschen oder zu ergänzen?

Zu bedenken ist auch, wie geübt die jeweilige Klasse in der Praxis des Lernens an Stationen bereits ist. Während Schülerinnen und Schüler, die wenig Erfahrung mit dieser Lernform haben, zunächst in das Prinzip eingewiesen werden müssen und dabei die besondere Beratung und Unterstützung durch die Lehrperson benötigen, können erfahrene Lerngruppen stärker in die Planung und Absicherung einbezogen werden, indem sie z.B. weitere Vorschläge für Stationen unterbreiten oder die Verantwortung als „Spezialisten" für einzelne Stationen übernehmen.

3. Hinführung zum Thema, Planungsgespräch, Zeit- und Arbeitsplan

Am Anfang der Auseinandersetzung mit dem Thema kommt es darauf an, das Interesse der Schülerinnen und Schüler zu wecken und an ihre Vorverständnisse anzuknüpfen. Dafür bieten sich interaktiv-handlungsorientierte Formen des Lernens oder Gespräche besonders an. So können z. B. Unterrichtsgänge, Befragungen und Experimente die Vielfalt eines Themas deutlich werden lassen, Fragen provozieren und Motivation für eine vertiefende Beschäftigung schaffen. Im daran anschließenden Planungsgespräch werden die einzelnen Lernstationen zum Thema von der Lehrperson erklärt. Die Schülerinnen und Schüler können Fragen zu den Stationen stellen und ggf. eigene weitere Vorschläge unterbreiten. Die Lehrperson erklärt die verwendeten Symbole und gibt Hinweise für die Arbeitsorganisation. Wenn die Planung abgeschlossen ist und alle Kinder sich einen Überblick über die Stationen verschafft haben, erstellt sich jedes Kind mit Hilfe des entsprechenden Formulars (vgl. nächste Seite) einen individuellen Zeit- und Arbeitsplan. Für das Lernen an Stationen mit dem hier vorliegenden Arbeitsmaterial sind jeweils 7 Doppelstunden (a 90 Minuten) vorgesehen, die auf mehrere Wochen verteilt sein können.

Die Kinder verabreden untereinander, welche Aufgaben sie allein, in Partner- oder Gruppenarbeit erledigen möchten und versehen die Station auf ihrem Arbeitsplan mit dem entsprechenden Symbol. Es ist auch möglich, einzelne Aufgaben als Hausaufgabe zu erledigen. Aufgaben, die in der Durchführung des Lernens an Stationen absolviert wurden, werden mit einem ■ versehen. Wurde etwas nicht geschafft, muss es von den Kindern neu in den Zeit- und Arbeitsplan eingeordnet werden. Durch die Arbeit mit dem Zeit- und Arbeitsplan lernen die Kinder, sich ihre Zeit sinnvoll einzuteilen und soziales Lernen zu organisieren. Der Lehrperson ermöglicht ein solches Vorgehen, sich schnell einen Überblick über die Arbeitsweise des einzelnen Kindes und über den Stand der Erledigung von Aufgaben zu verschaffen.

Zeit- und Arbeitsplan von ______________________

Woche/Tag							
Geplante Stationen							
Arbeitsweise: **-Einzelarbeit** **-Partnerarbeit** **-Gruppenarbeit** **-Hausaufgaben**							

4. Regeln und Raumgestaltung

Um einen möglichst störungsfreien Ablauf des Lernens abzusichern, ist es wichtig, im Vorfeld mit den Schülerinnen und Schülern feste Regeln zu erarbeiten, deren Einhaltung von der Lehrperson und den Kindern in regelmäßigen Abständen ausgewertet wird. Die Regeln sind im Klassenraum für alle sichtbar auszuhängen. Folgende Regeln haben sich in der Praxis bewährt.

Regeln für das Lernen an Stationen

1. *Wir verschaffen uns einen Überblick über die Stationen zum Thema und fragen nach, wenn wir etwas nicht verstehen.*
2. *Wir planen unsere Arbeitszeit so, dass wir alle Aufgaben sorgfältig erledigen können und treffen dabei Verabredungen mit anderen.*
3. *Wir bemühen uns, Verabredungen und Zeitplan einzuhalten.*
4. *Angefangene Arbeiten führen wir zu Ende, bevor wir uns einer neuen Aufgabe zuwenden.*
5. *Wir verständigen uns leise und versuchen, niemanden bei der Arbeit zu stören.*
6. *Wir suchen uns Hilfe, wenn wir Schwierigkeiten bei der Bewältigung von Aufgaben haben.*
7. *Wir heften unsere Arbeitsergebnisse in einer Arbeitsmappe ordentlich ab.*
8. *Wir stellen unsere Arbeitsergebnisse im Plenum vor und achten die Ergebnisse anderer Kinder.*

Das Klassenzimmer muss für das Lernen an Stationen nicht unbedingt umgestellt werden. Die Schülerinnen und Schüler können selbst entscheiden, ob sie an ihren gewohnten Plätzen oder an einem Einzeltisch arbeiten wollen. Die Arbeitsaufträge werden im Klassenzimmer in Form schriftlicher Arbeitsanweisungen auf Arbeitsblättern, durch Versuchsaufbauten oder durch Bereitstellung entsprechenden Materials erteilt. Sie können an Pinnwänden, auf der Fensterbank, an Tafeln und Fenstern oder auf separaten Tischen zugänglich gemacht werden. Jede Station ist deutlich vom Platz der Kinder erkennbar mit der entsprechenden Nummer (M1-M20) zu versehen. Das erleichtert es den Kindern, den Überblick über die Vielzahl der Stationen zu behalten.

5. Präsentation und Leistungsbeurteilung

Die Ergebnisse werden in der Regel am Ende des Lernens an Stationen im Stuhlkreis vorgestellt. Dabei wählen die Kinder einzelne Arbeiten, die sie für besonders gelungen halten, aus. Es ist aber auch möglich und wünschenswert, schon während des Arbeitens Zeit für die Präsentation von Zwischenergebnissen zu reservieren. Die Arbeitsmappen werden von der Lehrperson eingesammelt. So können einzelne Teile oder das gesamte Stationenlernen auch benotet werden. In jedem Falle sollte die Arbeitsweise der Kinder bei der Auswertung Berücksichtigung finden. Sie kann in einem Schülerbegleitbogen (vgl. nächste Seite) erfasst werden, der entsprechend der Situation von der Lehrperson ergänzt werden kann.

Schülerbegleitbogen

Name des Kindes: ______________________________

	Kann das Kind sehr gut.	Kann das Kind einigermaßen.	Dabei gibt es erhebliche Schwierigkeiten.
Aufgaben erfassen			
selbstständig arbeiten			
Arbeitszeit sinnvoll einteilen			
mit anderen kooperieren			
Rücksicht nehmen			
zielgerichtet vorgehen			
nötige Korrekturen vornehmen			
bei Problemen Hilfe holen			
sauber und ordentlich arbeiten			
Arbeitsergebnisse präsentieren			

6. Verwendete Symbole

Um das schnelle Erfassen von Arbeitsaufträgen durch die Kinder zu unterstützen, sind die einzelnen Aufgabenstellungen mit Symbolen versehen. Bei Bedarf ist es möglich, weitere Symbole zu ergänzen. Die einzelnen Symbole haben folgende Bedeutung:

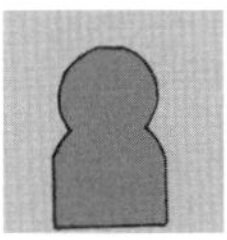

Einzelarbeit

Partnerarbeit

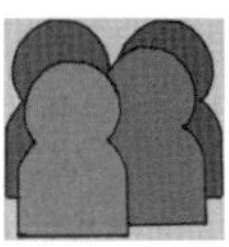

Gruppenarbeit

Präsenation

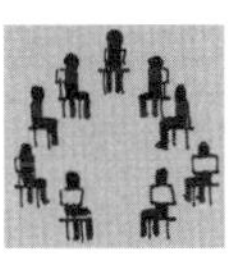

Gesprächskreis

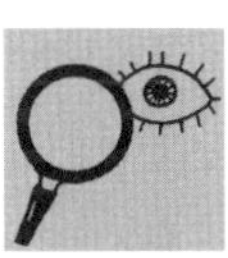

Erkundungsauftrag

Ausschneiden

Zeichnen / Schreiben

Die Symbole werden in der Planungsphase mit den Kindern besprochen.

II. Lernen an Stationen zu einzelnen Themen

1. Steine

1.1 Was man wissen sollte

Die Erde als Steinplanet

Die Erde ist eine Gesteinskugel; sie ist an den Polen leicht abgeflacht. Sie ist der größte Gesteinsplanet in unserem Sonnensystem. Auf Grund ihrer Masse behält sie einen heißen Kern von etwa 6000 Grad Celsius in ihrem Innern. Das ist etwa so heiß wie die Sonnenoberfläche.

Den äußeren Teil der Erde bildet die **Erdkruste**; sie ist nur 10 bis 80 km dick. Im Vergleich zum Durchmesser der Erde von 12 750 km ist ihr Anteil am Erdganzen gering. Sie besteht aus sieben großen und zahlreichen kleineren Platten. Entlang mancher Plattengrenzen verlaufen Vulkane, die durch das Verschieben dieser Platten aktiv werden und feurige Fontänen flüssigen Gesteins Hunderte von Metern hoch aus dem Erdinneren schleudern. Zurzeit gibt es etwa 500 aktive Vulkane auf der Erde.

Unter der Erdkruste liegt der **Erdmantel**. Er ist eine 2900 km dicke Schale und besteht überwiegend aus dem Mineral Olivin, eine Zusammensetzung von Eisen und Magnesium. Bewegungen im Erdmantel werden an die Erdkruste weitergegeben. Dies wird von Menschen z. B. bei Erdbeben und Vulkanausbrüchen wahrgenommen.

Den Mittelpunkt der Erde bildet der **Erdkern**. Er hat einen Durchmesser von 7000 km. Es wird angenommen, dass ein flüssiger äußerer Erdkern den festen inneren Erdkern umschließt.

Das Werden der Gesteine

Im Erdinneren arbeiten gewaltige Kräfte und bewirken Hebungsprozesse an der Oberfläche. Die Gesteine werden gefaltet und geworfen, mitunter kommt es zum Eindringen von geschmolzenem Gestein (Intrusion).

Äußere Kräfte, wie Wasser, Eis, Wind, bewirken, dass Gebirge abgetragen und abgeschliffen werden (Erosion). Das abgetragene Material wird von fließenden Gewässern ins Tiefland transportiert und gelangt schließlich ins Meer, an dessen Rändern es wieder abgelagert wird.

Herkunft und Arten von bestimmten Steinen

Vor allem an Küsten können vielfältige Gesteine gesammelt werden. Einige sind viele Millionen Jahre, manche sogar zwei Milliarden Jahre alt. Nach ihrer Herkunft werden **Magmatite** (Ergussgesteine), **Sedimente** (Ablagerungs- oder Schichtgesteine), **Metamorphite** (Umwandlungsgesteine) unterschieden.

Magmatite entstehen durch das Erkalten von Magma im Erdinneren. Erstarrt das Magma in tieferen Bereichen der Erdkruste, wird es als Plutonit bezeichnet. Dazu gehören z. B. die vielfältigen Formen des Granit. Dringt das Magma bis an die Erdoberfläche, handelt es sich um Vulkanite. Dazu gehört z. B. Basalt. Magmatite sind meist sehr grobkörnig und kompakt.

Sedimente entstehen häufig im Meer und haben eine deutliche Schichtung, die aus Kalk- oder Sandablagerungen resultieren. Der Sandstein gehört dazu, ebenso wie der Feuerstein. Sedimente sind mitunter sehr fossilreich.

Metamorphite entstehen in großen Tiefen unter Druck und Hitze aus anderen Gesteinen. Da sich verschiedene Gesteinsmassen miteinander verbinden, weisen sie eine Streifung oder Schieferung auf. Zu dieser Gesteinsart gehört z. B. der Gneis.

Steine bestehen aus Mineralien, die sehr unterschiedlich zusammengesetzt sein können. Daher haben Steine auch unterschiedliche Farben und sind unterschiedlich schwer. Ca. 3000 Mineralien sind aktuell bekannt und täglich kommen 20 bis 40 hinzu. Die Hauptmasse der meisten Steine besteht aus Ton, Gips, Kalk, aus Salzen und Metallen. Steine, die wir am Strand finden können, bestehen meist aus Feldspat (das ist eine Mineralfamilie), Quarz und Glimmer. Feldspat ist an den spiegelnden Bruchflächen zu erkennen. Quarz ist durchscheinend und Glimmer bildet dünne Plättchen, die das Licht reflektieren.

Hinsichtlich der Struktur des Gesteins werden Bestimmungsmerkmale unterschieden, wie z. B. feinkörnig und gleichkörnig (feine und gleich große Oberflächenpartikel), grobkörnig und gleichkörnig (grobe und gleich große Oberflächenpartikel), mit Einsprenglungen (kleine Krater oder Einlagerungen anderer Gesteinsarten), gestreift (parallel verlaufende Linien), mit Adern und Rissen. Die einzelnen Merkmale können auch in Kombination auftreten.

Bedeutung von Steinen

Steine haben die Menschen zu allen Zeiten fasziniert und wurden von ihnen zu unterschiedlichen Zwecken verwendet.

Als Spielsteine wurde mit ihnen schon im Griechenland der Antike gespielt und in der Steinzeit bestanden Klingen, Bohrer und Schaber der Menschen aus Stein und waren unverzichtbare Werkzeuge im Alltag.

Als Kultsteine hatten Steine in früheren Zeiten häufig symbolische Bedeutung als Heiligtum oder Sitz der Götter.

Steine als Talismane fungieren als Glücksbringer oder in der Hoffnung, dass ihre verborgene Kraft Unheil von seinem Besitzer abwendet.

Grabsteine auf dem Friedhof erinnern an die Verstorbenen und ehren ihr Andenken.

In unserem gesamten Umfeld sind wir von Steinen umgeben: Häuser, Gehwegplatten, Straßen usw. – all dies besteht in der Regel aus Stein.

Aber Stein kann auch ein Kunstobjekt sein, etwa ein Steinmosaik oder eine Skulptur.

1.2 Lernziele

Die Schülerinnen und Schüler setzen sich mit der Faszination von Steinen auseinander.

Speziell eignen sie sich an, dass

- die Erde ein Gesteinsplanet ist, der einen bestimmten Aufbau hat,
- sich die Erde ständig verändert und dass sich dabei durch innere und äußere Prozesse Gesteine verändern,
- Steine über einen unermesslich langen Zeitraum existieren und sich diese Veränderungsprozesse gemessen an der individuellen menschlichen Entwicklung sehr langsam vollziehen,
- es unterschiedliche Formen der Herkunft von Steinen gibt,
- Steine in der Regel aus verschiedenen Mineralien bestehen,
- Farbe und Struktur von Steinen näher bestimmt werden können und Aufschluss über die Art des Gesteins geben,

- Steine im Alltag sehr vielfältig eingesetzt werden, z. B. als Baumaterial oder Schmuck,
- Steine auch in früheren Zeiten für die Lebenserhaltung und Sinnstiftung von Bedeutung waren,
- Steine Möglichkeiten der forschenden, kreativen und spielerischen Auseinandersetzung bieten.

1.3 Einführung in das Thema: Als Steindetektive unterwegs

Für die Einführung des Themas bietet sich ein Erkundungsgang an. Die Schülerinnen und Schüler sollen so darauf aufmerksam werden, wie vielfältig Steine in ihrer alltäglichen Umgebung zum Einsatz kommen.

Die Schülerinnen und Schüler werden aufgefordert, Gruppen mit drei bis vier Kindern zu bilden. Jede Gruppe erhält den Auftrag, ein Forschungsprotokoll vorzubereiten.

Fundort	Verwendungszweck
...	...

Die Schülerinnen und Schüler erhalten die Aufgabenstellung:

Seht euch in eurer Umgebung um und findet heraus, was sich dort alles aus Stein befindet!

Dokumentiert genau, wo ihr etwas aus Stein entdeckt habt und zu welchem Verwendungszweck es dient. Versucht, möglichst viele verschiedene Verwendungszwecke zu finden! Fertigt in Einzelarbeit von eurem interessantesten Fund eine Skizze an!

Gemeinsam wird das Gebiet vereinbart, in dem nach Verwendungsformen von Stein gesucht wird. Da es möglich und wahrscheinlich ist, dass die Kinder unterschiedliche Vorlieben haben, bietet es sich an, die Skizzen des „Paradefundes“ in Einzelarbeit anfertigen zu lassen.

Im Gesprächskreis werden die „Forschungsprotokolle“ von den einzelnen Gruppen vorgestellt und die Skizzen präsentiert. Dabei kann ein Cluster zu unterschiedlichen Verwendungszwecken von Steinen entstehen, z. B. Stein als Baustoff: Häuser, Bänke, Tische, Mauern, Straßen, Gehwegplatten; Stein als Kunstobjekt: Plastik, Schmuckstück; Stein und Spiel: Steinrutsche, Pflastermalen, Spielfiguren.

Es kann auch deutlich werden, dass mitunter ein Steinfund mehrere Verwendungszwecke haben kann.

1.4 Aufbau der Stationen – Übersicht

Pflichtaufgaben	**Wahlpflichtaufgaben** (eine Aufgabe von zweien muss gewählt werden)	**Wahlaufgaben** (freiwillige Zusatzaufgaben)
Station 1 *Die Erde als Steinplanet* **(M1)**	Station 6 *Einen Steine – Steckbrief schreiben* **(M6)** Station 7 *Sprichwörter und Redewendungen über Steine* **(M7)**	Station 16 *Geschichtenwerkstatt* **(M16)**
Station 2 *Vom Werden der Steine* **(M2)**	Station 8 *Steine im Gedicht* **(M8)** Station 9 *Botschaften aus Stein* **(M9)**	Station 17 *Steine verändern sich* **(M17)**
Station 3 *Auch Steine haben Familien* **(M3)**	Station 10 *Mit einem Stein auf Zeitreise* **(M10)** Station 11 *Mit Steinen musizieren* **(M11)**	Station 18 *Steine – Quiz* **(M18)**
Station 4 *Steine erforschen* **(M4)**	Station 12 *Auf den Spuren von Friedensreich Hundertwasser* **(M12)** Station 13 *Ein Mosaik entwerfen* **(M13)**	Station 19 *Reise in die Steinzeit* **(M19)**
Station 5 *Mit Steinen experimentieren* **(M5)**	Station 14 *Zahlenspiele* **(M14)** Station 15 *Bewegungsspiele mit Steinen* **(M15)**	Station 20 *Ich will mehr wissen!* **(M20)**

1.5 Materialien

M1

Die Erde als Steinplanet

Die Erde ist der größte Steinplanet in unserem Sonnensystem. In diesem riesigen Stein ist sehr viel Bewegung, sodass er sich ständig wandelt und verändert.

Sein Aufbau ist einem Hühnerei ähnlich, nur ist er fast rund. So wie ein Ei aus einer Eischale, dem Eiweiß und dem Eidotter besteht, gibt es bei der Erde die Erdkruste, den Erdmantel und den Erdkern. Man bezeichnet den Aufbau der Erde auch als Schalenbau.

Die **Erdkruste** ist verglichen mit den anderen Schalen eher dünn. Unter der Erdkruste liegt der **Erdmantel**. Er umschließt den **Erdkern**, der den größten Anteil am Planeten einnimmt. Der äußere Teil des Erdkerns ist flüssig und der innere Teil wegen des gewaltigen inneren Druckes fest. Das ist so, als ob du den Teig eines Brötchens solange knetest und zusammenpresst, bis du eine feste Kugel in den Händen hältst – nur viel stärker.

Bewegungen im Inneren des Planeten werden an die Erdkruste weitergegeben. Besonders gewaltige Bewegungen können Vulkane oder Erdbeben auslösen.

Aufgabe:

➔ Zeichne, wie der Planet Erde aufgebaut ist!

M2

Vom Werden der Gesteine

Unter der Erdoberfläche lagern viele Gesteinsschichten, die sich meist aus unterschiedlichen Mineralien, das sind natürlich gebildete Stoffe, zusammensetzen. Gewaltige Kräfte im Erdinneren brechen Gesteine, wie eine trockene Brotscheibe und falten sie, wie ein Stück Papier zu einem Fächer. In manchen Fällen kommt es zum Eindringen von geschmolzenem Gestein (Magma), denn in den tiefen Schichten der Erde ist es sehr heiß.

Die Kräfte im Erdinneren bewirken, dass Gesteine an die Oberfläche geschoben werden. Die gehobenen Gesteine formen Gebirge.

Diese Gebirge werden durch Regen, Eis und Wind über viele Millionen Jahre mehr und mehr abgetragen, d. h. Gesteine werden abgebrochen und geschliffen. Das dabei entstandene Gesteinsmaterial wird durch Bäche und Flüsse ins Tiefland und weiter in die Meere transportiert.

Das von den Flüssen eingetragene Material wird am See- oder Meeresboden abgesetzt, durch die Kraft des Wassers bewegt und weiter verformt.

An den Rändern der Meere lagern sich Sandschichten und Steine ab. Wenn du einen Strandspaziergang machst, kannst du dort zahlreiche Steine finden, die diesen langen Weg hinter sich haben.

Aus organischen Überresten (von Pflanzen und Tieren) und anorganischen Teilchen (die ohne Mitwirkung von Lebewesen entstanden sind, wie z. B. Erze, Salze) können sich über lange Zeiträume auch Steine bilden. Kohlelagerstätten sind z. B. Ablagerungen umgewandelter Wälder. Auch solche Gesteine sind den Witterungsbedingungen ausgesetzt und werden durch die fließenden Gewässer transportiert, lagern sich ab und verändern ihr Aussehen über Millionen oder Milliarden Jahre.

Aufgabe:

➔ Beantworte bitte folgende Fragen mit deinen eigenen Worten schriftlich. Du kannst zur Veranschaulichung auch Skizzen anfertigen.

- Was geschieht unter der Erdoberfläche?
- Wie gelangt Gesteinsmaterial ins Meer?

M3

Auch Steine haben Familien

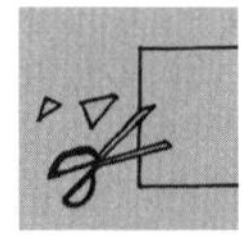

Man unterscheidet drei Familien von Steinen. Ihre Familiennamen sind: **Magmatite, Metamorphite** und **Sedimente**.

Magmatite entstehen beim Erkalten von Magma, das ist heißes flüssiges Gestein, im Erdinneren.

Metamophite sind Umwandlungsgesteine. Sie entstehen, wenn Steine unter starkem Druck und hohen Temperaturen miteinander verschmelzen.

Sedimente sind Ablagerungsgesteine. Sie entstehen durch Einwirkungen der Sonne, Luft, Niederschläge und schließen häufig Fossilien (Muscheln, Pflanzenreste) ein. Hier sind einige Steinarten und ihre Familien dargestellt.

Aufgabe:

➔ Fertige eine Tabelle an und trage die Familiennamen der Steine in die erste Spalte der Tabelle ein!

➔ Erkläre mit deinen Worten, wie diese Gesteine entstehen.

➔ Ordne die abgebildeten Familienmitglieder zu!

Familienname	Entstehung	Beispiele
...	...	...

Aufgabe:

➔ Schneide die Kärtchen aus, mische sie und versuche sie wieder richtig zuzuordnen.

Du kannst diese Aufgabe anschließend mit anderen zusammen ähnlich wie ein Memory spielen. Dann werden alle Karten gemischt und umgedreht und müssen wieder richtig aufgedeckt werden. Gewonnen hat, wer am meisten zusammengehörige Karten aufgedeckt hat.

Granit		Magmatit
Sandstein		Sediment
Quarz		Sediment
Feuerstein	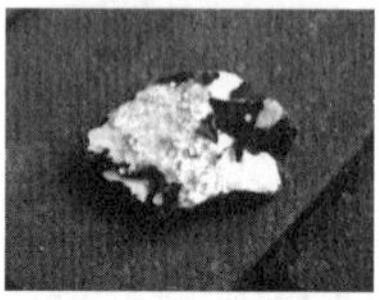	Sediment
Gneis	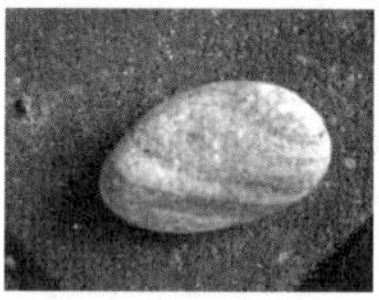	Metamorphit
Kreide-Kalk		Sediment
Basalt		Magmatit
Hühnergott		Sediment

M4

Steine und ihre Eigenschaften

Steine können vielfältige Farben, Formen und Strukturen haben. Diese Merkmale lassen sich durch Eigenschaftswörter beschreiben.

Aufgabe:

➔ Schneide die Merkmalskärtchen aus und ordne ihnen zuvor gesammelte Steine zu! Fertige weitere Merkmalskärtchen an, um die Steine noch genauer zu beschreiben!

Zum Beispiel: **spitz**

rötlich	**grau**	**weiß**	**bläulich**
rosa	**grünlich**	**braun**	**schwarz**
glatt	**rau**	**glänzend**	**kantig**
feinkörnig und gleichkörnig	**grobkörnig und gleichkörnig**	**mit Einsprenglingen**	**gestreift**
geschichtet	**mit Adern oder Rissen**	**mit Löchern**	

➔ Lege Steinreihen zu einem Merkmal (z. B. raue Steine) und lass andere Kinder das Merkmal raten!

➔ Beschreibt euch gegenseitig eure Lieblingssteine!

M5

Mit Steinen experimentieren

Experiment 1

Können Steine schwimmen? Probiere es mit einigen Steinen aus, indem du sie in eine Schale mit Wasser legst!

Experiment 2

Kann man mit Steinen schreiben? Versuche einen Stein mit einem anderen zu bemalen!

Experiment 3

Kann man mit Steinen einen Turm bauen? Versuche es!

Experiment 4

Riechen Steine? Probiere es mit mehren Steinen aus!

Experiment 5

Sind alle Steine gleich hart? Reibe Steine verschiedener Sorte aneinander! Was passiert?

Aufgabe:

➔ Übertrage die Tabelle in deinen Hefter und protokolliere deine Versuchsergebnisse!

Experiment	Ja	Nein	Bemerkungen
1			
2			
3			
4			
5			

M6

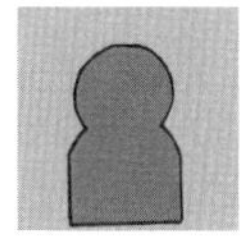

Einen Steine-Steckbrief schreiben

Aufgabe:

→ Suche dir einen Stein aus! Und fertige einen Steckbrief an! Zeichne dazu zuerst deinen Stein möglichst genau ab und treffe dann Aussagen zu deinem Stein!

Mein Stein

Farbe:

Form:

Oberfläche:

Gewicht:

Vermutlicher Name:

Familie:

Ein Tag meines Steines (Was mein Stein an einem Tag so alles erlebt):

M7

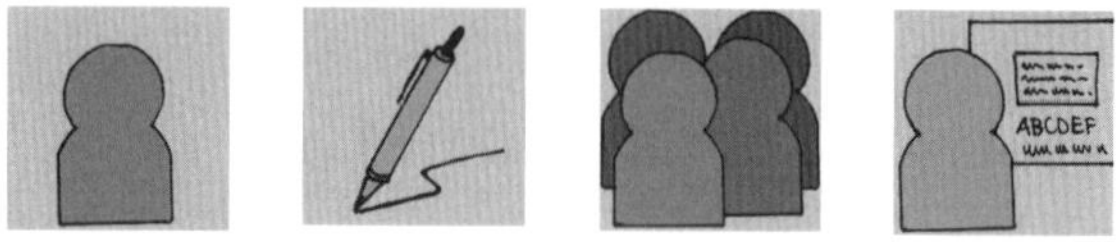

Sprichwörter und Redewendungen über Steine

Aufgabe:

➔ Vielleicht kennst du einige der folgenden Redewendungen. Lies sie dir durch und schreibe zu drei Sprichwörtern mit eigenen Worten auf, was sie bedeuten!

„Wie ein Fels in der Brandung sein“

„Bei jemandem einen Stein im Brett haben“

„Ein gutes Wort kann Steine brechen“

„Wie ein Tropfen auf den heißen Stein“

„Der Mann, der den Berg abtrug, war derselbe, der anfing, kleine Steine wegzutragen“

„Den Stein ins Rollen bringen“

„Das möchte einen Stein erbarmen!“

„Steter Tropfen höhlt den Stein“

„Jemandem Steine in den Weg legen“

➔ Sprichwörter meinen etwas im übertragenen Sinne. Nimm ein Sprichwort einmal wort-wörtlich und zeichne dazu ein Bild!

➔ Spielt euch gegenseitig Sprichwörter pantomimisch vor und findet heraus, um welches Sprichwort es sich handelt!

M8

Steine im Gedicht

Elfchen sind Gedichte, die aus elf Wörtern bestehen. Zu beachten ist dabei:

1. Zeile = das Wort „Steine“
2. Zeile = zwei Wörter
3. Zeile = drei Wörter
4. Zeile = vier Wörter, 1. Wort „ich“
5. Zeile = ein Wort, das die vorangegangenen Zeilen zusammenfasst.

Hier zwei Beispiele:

Steine
sehr alt
vielfältig und schön
ich will sie bemalen
Glückssteine

Steine
am Meer
nach langer Reise
ich betrachte sie still
Zeit

Aufgabe:

➔ Schreibe Stein-Elfchen!

Vielleicht gefallen dir Reime besser? Versuche es zuerst mit einem Paarreim! Dabei reimen sich immer zwei aufeinander folgende Zeilen. Die Anzahl der Strophen bestimmst du.

Auch dafür ein Beispiel:

Steine
Sie liegen am Strand
im weißen Sand
sind uralt
schön und kalt

Könnten Steine leben
würden sie reden
wären sie weise
und wir wären leise

➔ Wenn du möchtest, kannst du einige deiner Verse auch illustrieren, indem du ein Bild dazu malst!

M9

Botschaften aus Stein

Aufgabe:

➔ Schreibt jeden Buchstaben des Alphabets auf einen Stein. Legt nun mit den Steinen kleine Botschaften! Manche Buchstaben werden häufiger als andere verwendet. Deshalb benötigt ihr Reservesteine, wenn eure Botschaft es erfordert.

➔ Mit eurem Stein-Buchstaben könnt ihr zu zweit oder zu dritt auch ein Kreuzwortspiel spielen. Jeder Spieler erhält 35 Steine, die er frei nach Wahl mit Buchstaben versehen kann. Ein Spieler beginnt, indem er ein Wort legt. Die anderen Spieler legen nacheinander Wörter an. Gewonnen hat, wer am Ende am wenigsten Steine hat.

M10

Mit einem Stein auf Zeitreise

An den Stränden liegen Steine, die mehr als 2 Milliarden Jahre alt sind neben solchen, die erst vor wenigen Millionen Jahren entstanden sind. Betrachtet man einen Strandstein genau, so kann man häufig Spuren erkennen, die von den gewaltigen Kräften zeugen, denen der Stein auf seiner langen Reise durch die Zeit ausgesetzt war.

Aufgabe:

➔ Sieh dir die beiden Abbildungen dieses Granits mit einer Lupe genau an! Markiere, wo du besonders deutliche Risse oder Einsprenglinge (das sind große Einlagerungen anderer Gesteine) siehst!

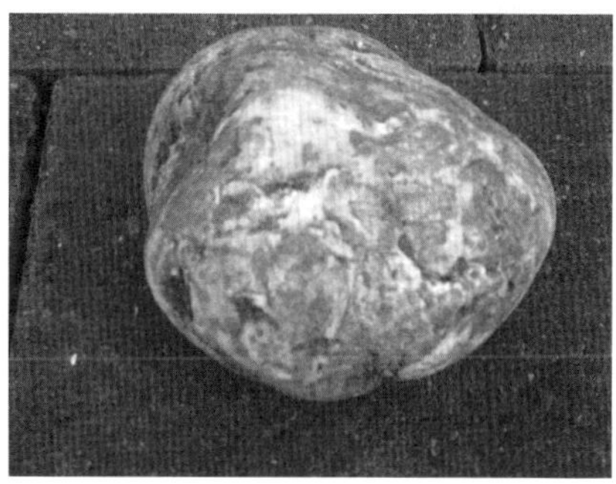

➔ Denke dir aus, wie dieser Stein zu seiner heutigen Gestalt gekommen sein könnte.

So könnte deine Geschichte anfangen:

Vor vielen Millionen Jahren hatte ich schon eine lange Reise aus dem Erdinneren hinter mir.
Dort war es heiß und viele meiner Brüder und Schwestern waren sogar noch flüssig. Seitdem habe ich mich sehr verändert, so wie auch Menschen sich verändern, Falten und graue Haare bekommen, wenn sie alt werden. Plötzlich fing es an, unter mir zu brodeln …

M11

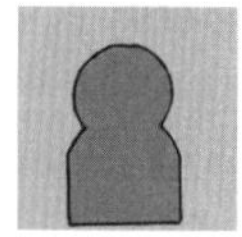

Mit Steinen musizieren

Diese Instrumente kannst du ganz leicht nachbauen.

Steingläser zum Schütteln

Aufgabe:

➔ Fülle Gläser mit unterschiedlich großen Steinen und verschließe sie mit einem Deckel oder mit Folie. Jedes Glas erzeugt ein anderes Schüttelgeräusch.

Stabspiel mit Hühnergöttern

Aufgabe:

➔ Fädele unterschiedlich große und unterschiedlich schwere Hühnergötter auf Fäden und hänge sie an einen Ast oder Stock. Mit einem Löffel kannst du die Steine zum Klingen bringen.

Steine als Trommeln:

Aufgabe:

➔ Größere Steine können als Trommeln eingesetzt werden. Probiere mit unterschiedlichen Materialien (Holz. Metall) aus, welche Klänge entstehen, wenn du mit ihnen auf einem Stein trommelst.

Vielleicht hast du Lust, gemeinsam mit anderen Kindern ein kleines Orchester zusammen zu stellen.

M12

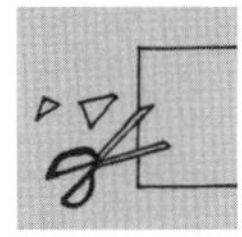

Auf den Spuren von Friedensreich Hundertwasser

Hast du schon einmal von dem Architekten Friedensreich Hundertwasser gehört?

Er wurde in den dreißiger Jahren in Wien geboren und gestaltete nach seinen Vorstellungen Autoraststätten, Wohnhäuser, Fabriken, Bahnhöfe und Einkaufszentren um. Charakteristisch für Hundertwassers Architektur sind u.a. folgende Merkmale:

- Kein Haus ist wie das andere.
- Keine geraden Linien.
- Alle waagerechten Flächen gehören der Natur, d.h. sie sind mit Bäumen oder Blumenterassen bepflanzt.
- Alle Wände sind sehr bunt, mit verschiedenen Mustern versehen.

Aufgabe:

➔ Sieh dir Originale oder Fotos von Hundertwasser-Häusern an! Vielleicht gibt es ein solches Haus in deiner Umgebung.

➔ Nun bist du dran! Versuche einmal Häuser nach den von Hundertwasser vorgegebenen Merkmalen zu entwerfen!

1. Falte ein Blatt A4 in drei gleich große Teile! Stelle dir vor, das werden die Vorderansichten von drei Häusern, welche in einer Reihe stehen.
2. Zeichne nun drei verschiedene Giebelformen ein!
3. Zeichne Fenster und Türen ein. Achte darauf, dass es keine geraden Linien gibt!
4. Überlege, wie du die Häuser begrünen kannst (Balkone, Terrassen, Dächer)!
5. Gestalte die Häuser farblich vielfältig!
6. Stellt eure Entwürfe in einer Galerie aus!

M13

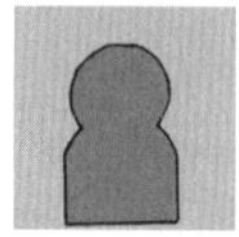

Ein Mosaik entwerfen

Aufgabe:

➔ Nimm einen Schuhkarton und bedecke den Boden mit feuchtem Sand! Streiche die Oberfläche glatt!

➔ Nun lege mit Steinen ein Mosaik. Am besten du beginnst in der Mitte und legst die Steine im Kreis. Dabei kannst du Formen und Farben von Steinen voneinander abgrenzen, sodass ein Muster entsteht.

Das Mosaik ist fertig, wenn der gesamte Boden des Kartons mit Steinen ausgelegt ist. In einer kleinen Ausstellung könnt ihr euch eure Kunstwerke präsentieren.

M14

Zahlenspiele

Zahlen 1 × 1
Aufgabe:
➔ Schreibt auf Steine Ziffern zwischen 1 und 100. Legt euch nun gegenseitig Rechen-aufgaben!
Zahlensteine, die euch fehlen, ergänzt!

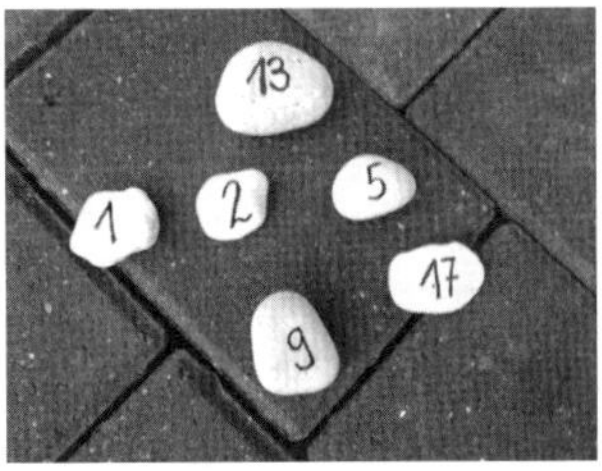

Die verflixte Zahl
Aufgabe:
➔ Legt euch gegenseitig Zahlenreihen nach einem bestimmten Prinzip, z. B. in Dreierschritten. Mogelt eine Zahl dazwischen, die nicht in die Reihe passt. Euer Partner muss herausfinden, welches die verflixte Zahl ist.

Weitere Spielideen:

Zahlenraten
Aufgabe:
➔ Legt Steine mit beliebigen Zahlen in einen Beutel. Nun greift einer der Spieler einen Zahlenstein heraus. Die anderen Mitspieler müssen durch indirekte Fragen, z. B. Ist die Zahl dreistellig? Herausfinden, um welche Zahl es sich handelt.

Geburtstagstagstausch
Aufgabe:
➔ Legt mit Zahlensteinen euer Geburtsdatum, z. B. 12.05.1997. Nun vertauscht die Steine, z. B. 19.05.1297. Stellt euch vor, wie euer Leben wäre, wenn dieses Geburtsdatum tatsächlich richtig wäre.

M15

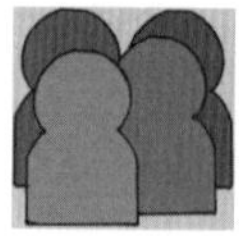

Bewegungsspiele mit Steinen

Stein-Zielwurf

Aufgabe:

→ Drei bis fünf Kinder erhalten jeweils drei Steine, die vorher in Folie gewickelt wurden, damit sie gut zu sehen sind. Außerdem gibt es einen größeren Spielstein, der vom ersten Kind geworfen wird. Nun ist es die Aufgabe, die anderen Steine möglichst dicht an den Spielstein zu werfen. Die naheste Entfernung zum Spielstein wird ausgemessen und in die Wettkampfliste eingetragen. Wer am dichtesten am Spielstein gelandet ist, hat gewonnen.

1.

2.

3.

Teilnehmer	Entfernung vom Spielstein	Platz in der Gesamtwertung

M16

Geschichtenwerkstatt

Aufgabe:

→ Schreibe zu folgenden Bildern eine Geschichte!

M17

Steine verändern sich

Steine sind im Vergleich zur Lebenszeit des Menschen unendlich alt. Manche Steine gibt es schon Milliarden Jahre. In dieser Zeit haben sie sich langsam verändert. Auf der Erde wirken Kräfte, die den Planeten Erde zu dem gemacht haben, was er heute ist und die ihn ständig weiter verändern werden.

Auf den folgenden Fotos sind einige alltägliche Kräfte dargestellt, die Veränderungen an Gesteinsmaterial bewirken können.

Aufgabe:

→ Sieh dir die Fotos genau an und schreibe auf, wodurch diese Veränderungen zustande kommen können!

M18

Steine – Quiz

Aufgabe:

➔ Löse die Rätsel und denke dir weitere aus!

Die äußere Schale der Erde nennt man …	
Wenn etwas sehr alt ist, bezeichnet man es auch als …	
Sandstein und Feuerstein gehören zur Familie der …	
Die meisten Granite haben die Farbe …	
Wenn jemand dir einen Gefallen schuldig ist, hast du bei ihm …	
Jemand, der sehr viel Geld hat, ist …	
Magmatite bestehen aus geschmolzenem …	
Brot, das schon alt ist, ist meist …	
Einen Stein mit Loch nennt man auch …	
Mit Kreide-Kalk kann man …	
Mit der Erfindung von Steinwerkzeug vor 2,5 Millionen Jahren begann …	
Ein schwieriger Weg ist …	
Granit gehört zur Familie der …	
Ein besonders wertvoller Stein ist ein …	
Ein Pilz mit einer dunkelbraunen Kappe heißt …	

M19

Reise in die Steinzeit

Viele Funde haben bewiesen, dass bereits vor mehr als 2 Millionen Jahren auf der Erde Menschen lebten. Sie stellten ihre Werkzeuge und Waffen vor allem aus Stein her. Vor allem der Feuerstein, der besonders scharfe Kanten hat, wurde als Werkzeugspitze, Schneidewerkzeug oder Schaber verwendet. Mit ihm konnten die Menschen weitere Werkzeuge herstellen und viele nützliche Gegenstände für den Alltag. Ihre Nahrung mussten sich die frühen Bewohner der Erde erjagen oder in der Natur sammeln.

Das Leben der Steinzeitmenschen war hart, denn das Klima wechselte oft zwischen Warm- und Kaltzeiten. Deshalb war das Feuer für die Menschen sehr bedeutsam. Wenn ein Blitz in einen Baum einschlug, der Feuer fing und verbrannte, nahmen die Menschen etwas von der Glut mit, wärmten sich daran und bereiteten Nahrung darauf zu. Später lernten die Menschen selbst Feuer zu machen, indem sie z. B. mit Steinen Feuer schlugen.

Aus Steinen wurden aber auch Schmuck hergestellt und andere Kunstwerke wie Statuen und kunstvolle Gefäße. In verschiedenen Höhlen wurden Bilder von Steinzeitmenschen entdeckt. Sie erzählen vom Leben der Menschen in der Steinzeit.

Aufgabe:

➔ Wie stellst du dir das Leben in der Steinzeit vor? Was könnte auf den Höhlenbildern dargestellt sein? Zeichne es auf!

M20

Ich will mehr wissen!

Aufgabe:

→ Auf den Wissenskärtchen erhältst du weitere Informationen zum Thema „Steine“.

Lies dir für dich interessante Texte durch und notiere dir das Wichtigste in Stichpunkten.

Wie ist die Welt entstanden?

Die wohl bekannteste Weltentstehungstheorie ist die Urknalltheorie. Der Urknall ist eine Bezeichnung für den Beginn des Universums. Der Urknall ist keine Explosion in einem bestehenden Raum, sondern die gemeinsame Entstehung von Materie, Raum und Zeit. Der eigentliche Urknall kann bislang nicht beschrieben werden. Am Anfang war das entstehende Universum in einem Punkt konzentriert und unvorstellbar heiß. Es breitete sich aus und kühlte sich ab. Diese Abkühlung ermöglichte die Bildung von Teilchen, von Atomen, von Atomverbindungen, von Galaxien und Planeten. Vor 3,5 Milliarden Jahren war der vorher glühende Ball soweit abgekühlt, dass sich eine feste Kruste bilden konnte. Vor 800 Millionen Jahren tauchten die ersten Algen im Meer auf und vor etwa 2,5 Millionen Jahren die ersten Menschen.

Wie sind die Gebirge entstanden?

Vor mehr als 200 Millionen Jahren gab es nur einen einzigen Kontinent inmitten eines riesigen Ur-Ozeans. Unter dem Kontinent entwickelten sich Strömungen, die schließlich so stark wurden, dass der Kontinent auseinanderbrach. Die Bruchstücke dieses Urkontinents werden auch als Kontinentalplatten bezeichnet. Sie drifteten zunächst auseinander und bewegten sich dann wieder aufeinander zu. Die Kräfte, die dabei aufeinander einwirkten, waren unglaublich stark und bewirkten Hebungsprozesse an der Erdoberfläche. Manche Gebirge entstanden dadurch, dass Kontinentalplatten auseinander drifteten und dabei die Erdkruste nach oben gedrückt wurde. In manchen Fällen schob sich aber auch eine Platte über die andere. Bei diesen gewaltigen Bewegungen wurden Gesteine gefaltet und entlang der Falten gebrochener Gesteinsschichten gehoben, sodass Gebirge entstanden.

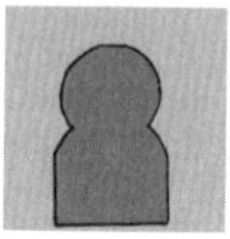 

Was sind Vulkane?

Wenn die Erde sich öffnete und gewaltige Lavamassen (das ist flüssiges Gestein) ausstieß, glaubten die Menschen früher, dass dies die Rache der Götter für ihre Sünden sei. Heute wissen wir, dass Vulkane natürliche Phänomene unseres Planeten sind. Du musst dir das so vorstellen: Im Erdinnern gibt es einen festen Kern, der von einem flüssigen Kern aus Gesteinsschmelze umgeben ist. Auf dieser Flüssigkeit schwimmen die großen Kontinentalplatten, die entstanden sind, als der Urkontinent zerbrochen ist (Lies dazu auch, wie die Gebirge entstanden sind!). An den Grenzen der Platten steigt heißes Magma aus dem Erdinneren auf und dringt durch lange Risse in der Erdkruste. Ein Vulkan ist geboren! Zurzeit gibt es etwa 500 aktive Vulkane auf der Erde. Manche Vulkane ruhen, andere erschüttern immer wieder die Welt. In Europa ist der Ätna in Sizilien der bekannteste und gewaltigste Vulkan. Aber nicht nur auf der Erde gibt es Vulkane, sondern auch auf anderen Planeten, wie z. B. der Venus.

Was sind Edelsteine?

Edelsteine sind tief im Erdinneren durch Wärme und Druck entstanden. Das sind durchsichtige, sehr harte Mineralien, die in manchen Gesteinen bei der Entstehung eingeschlossen wurden. Durch die Bewegungen in den Gesteinsschichten gelangen sie an die Erdoberfläche, wo sie sich in Steinbrüchen oder Flüssen abgelagert haben. Edelsteine sind begehrte Sammelobjekte und werden von Edelsteinschleifern zu Schmuck oder sehr wertvollen Werkzeugen verarbeitet. Der kostbarste Edelstein ist der Diamant. Er zeichnet sich durch große Härte und hohen Glanz aus. Aus ihm werden nicht nur Schmuck, sondern auch bestimmte Bohrer angefertigt, mit denen man Löcher in harte Betonwände bohren kann. Seit 1955 werden Diamanten in größeren Mengen künstlich hergestellt. Sie sind aber viel kleiner als natürliche Diamanten und undurchsichtig.

1.6 Literatur und Internetadressen

Für Lehrerinnen und Lehrer

Bell, P. & Wright, D. (1987): Gesteine und ihre Mineralien finden und bestimmen. Stuttgart

Dietrich, R.V. & Skinner, J.B. (1984): Die Gesteine und ihre Mineralien. Thun

Lieber, W. (1974): Bunte Welt der schönen Steine. Stuttgart

Roll, W. (1984): Bemalte und bedruckte Steine. Stuttgart

Rudolf, F. (2005): Strandsteine sammeln & bestimmen. Neumünster

Schweitzer, I. (1996): Steine sind nicht nur schön. In: Praxis Grundschule, 1996 (6).

Peltsch, S. (1992): Mit Steinen und Engeln sprechen. In: Grundschule, Ausgabe 4/1992.

Für Schülerinnen und Schüler

Cummenere, R./Krautmann M. (2004): Steine und Mineralien. Würzburg

Parker, S./Weyandt, E./Visscher, P. (1994): Mineralien und Steine: entdecken, beobachten, bestimmen und verstehen. Lüneburg

Pellant, C./Grinaway, R./Forsey, C. (2002): Tesloffs erstes Buch der Fossilien, Steine, Mineralien. Nürnberg

Hähnel, W. (1994): Was ist Was. Mineralien und Gesteine. Nürnberg

Klut, M.-P. (1991): Woher kommen die Steine. (Reihe: Die Welt entdecken). Ravensburg

Empfehlenswerte Internetadressen

http://www.uni-oldenburg.de/roesa/steine/index.htm

http://www.mpz.bayern.de/schule/museum_reich_der_kristalle.htm

http://enterpreis.san-ev.de/webspace/Treptow.5963 (Untersuchung von Findlingen)

2. Zeit

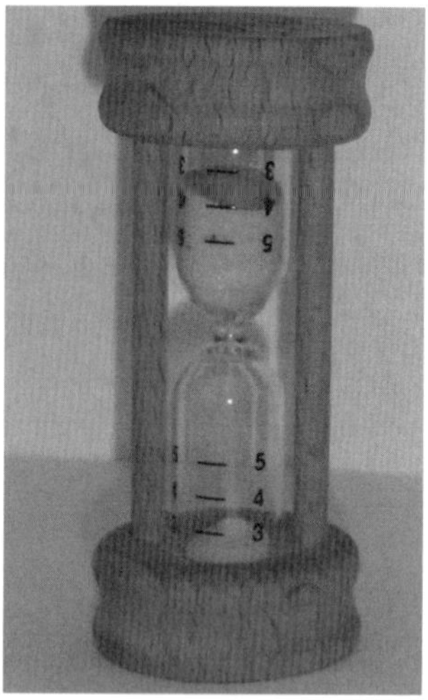

2.1 Was man wissen sollte

Die Zeitdimensionen

Jegliches Geschehen ist in Raum und Zeit eingebettet. Das Phänomen Zeit ermöglicht uns, kausal verknüpfte Ereignisse und Handlungen in eine Reihenfolge zu bringen. Dabei werden die drei **Zeitdimensionen Vergangenheit, Gegenwart und Zukunft** unterschieden. Es werden zwei Zeitvorstellungen unterschieden: die **zyklische und die lineare Zeit**. Kennzeichnend für die zyklische Zeit ist die Wiederholung, die stetige Wiederkehr von Ereignissen, z. B. im Monat oder Jahr. Das Symbol für diese Zeitvorstellung ist der Kreis. Lineare Zeit wird verstanden als eine Kette von aufeinander folgenden Augenblicken. Der Augenblick der Gegenwart wird zur Vergangenheit, zukünftige Augenblicke zur Gegenwart. Das Symbol für diese Zeitvorstellung ist der Pfeil.

Zeit in der Physik

In der Physik ist Zeit die Größe, über die sich die Dauer von Vorgängen und die Reihenfolge von Ereignissen bestimmen lassen. Sie wird über Verfahren zu ihrer Messung definiert. Zeit wird in Sekunden gemessen. Daraus leiten sich unmittelbar die Einheiten Minute und Stunde ab, mittelbar über die Erdbewegung auch Tag und Woche, Monat und Jahr. Die Uhr gibt den periodischen Ablauf der Zeit an: Eine Minute, eine Stunde folgt der anderen.

Isaac Newton ging von der Existenz einer absoluten Zeit aus, die keinerlei Bezug zu äußeren Gegenständen hat. Das entspricht dem menschlichen Alltagsverständnisses des Phänomens Zeit. Durch Entdeckungen in Zusammenhang mit der Relativitätstheorie musste dieser absolute Zeitbegriff aufgegeben werden. Aktuell wird davon ausgegangen, dass sich Raum und Zeit nicht eindeutig trennen lassen, sondern aufeinander bezogen sind. Nach der Theorie des Physikers Albert Einstein (1879–1955) vergeht jedoch die Zeit nicht immer gleich schnell: Könnte man sich immer schneller bewegen und sich sogar der Geschwindigkeit des Lichts annähern, würde die Zeit immer langsamer vergehen.

Zeit in der Philosophie

Die Philosophie beschäftigt sich mit der Frage, was Zeit „an sich" ist und in welchem Verhältnis der Mensch zur Zeit steht. Nach Immanuel Kant ist Zeit, ebenso wie Raum, eine reine Anschauungsform des inneren Sinnes und liegt aller Erfahrung zugrunde. Unabhängig vom Menschen kann auf keine Zeit geschlossen werden. Zeit wäre demnach nicht „an sich" in der Welt, sondern „für uns". Aus ethischer Perspektive stellt sich die Frage nach dem Umgang mit der Zeit vor dem Hintergrund der Endlichkeit des Lebens. Die Philosophie beschäftigt sich (wie auch die Religion) mit dem Problem der Unausweichlichkeit des Todes und fragt: Was kommt danach?

Zeit in der Religion

In den **Religionen** sind die Vorstellungen von Zeit unterschiedlich. Während der Buddhismus und der Hinduismus das Entstehen und Vergehen der Menschheit zyklisch betrachtet, wird in der jüdisch-christlichen Tradition die Schöpfung bis zum Weltende linear verstanden. Ein zusätzlicher Zusammenhang zwischen Religion und Zeit besteht im Jahreslauf durch die rhythmisch wiederkehrenden Feste. Diese sind entweder am Mondzyklus orientiert, wie z. B. Ostern, oder auf ein bestimmtes Datum festgelegt, wie z. B. das Weihnachtsfest.

Zeit in der Psychologie

Die Psychologie geht der Frage nach, warum subjektiv wahrgenommene und objektiv messbare Zeit deutlich voneinander abweichen können. Ereignisreiche Zeiten vergehen in der menschlichen Wahrnehmung „wie im Flug", weniger ereignisreiche sehr viel langsamer. Aber im Rückblick ist es genau umgekehrt.

Zeit in der Biologie

Die Biologie beschäftigt sich mit der „inneren Uhr", die fast alle Lebewesen besitzen und die in der Regel mit anderen natürlichen Zyklen (z. B. Tag und Nacht) synchron läuft.

Zeit in der Sprachwissenschaft

Die Sprachwissenschaft verbindet Zeit und Sprache, indem sie z. B. Zeitformen kategorisiert und damit Abläufe und Vorgänge temporal beschreibbar macht.

2.2 Lernziele

Einerseits ist das Thema „Zeit" für die Kinder abstrakt und schwer nachvollziehbar, andererseits begegnet ihnen das Phänomen „Zeit" im alltäglichen Leben. Die Auseinandersetzungen mit den Aufgabenstellungen verfolgen die Lernziele:

- Anbahnen eines Bewusstseins für zirkuläre und lineare Zeitvorstellungen und die Zeitdimensionen Vergangenheit, Gegenwart und Zukunft,
- Uhr-Zeit und Datum bestimmen können,
- subjektives Zeiterleben erfahren,
- Beschäftigung mit der eigenen Biografie und mit dem eigenen Tagesablauf,
- Auseinandersetzung mit Jahreszeiten und Festen im Jahreslauf,
- Kennen lernen verschiedener Uhren,
- Auseinandersetzung mit Geschichte,
- Sensibilisierung für einen angemessenen Umgang mit Zeit,
- Förderung von Phantasie und Kreativität.

2.3 Einführung des Themas

Eine erprobte Möglichkeit der Einführung in das Thema ist das Erraten von Zeit-Begriffen. Die Schulklasse wird in zwei Gruppen aufgeteilt, die miteinander in einen Wettstreit treten. Jedes Kind erhält einen Begriff (siehe nächste Seite). Nun müssen die Kinder abwechselnd ihrer Gruppe diesen Begriff erläutern, ohne ihn zu nennen. Die Lehrperson achtet darauf, dass alle Kinder gleich viel Zeit bekommen. Wenn der Begriff in der vorgegebenen Zeit erraten wird, bekommt die Gruppe einen Punkt. Hier einige Beispiele: „Mit einer Uhr misst man die ...." (Uhrzeit). „Frühling, Sommer, Herbst und Winter sind ..." (Jahreszeiten).

Anschließend stellen die Kinder fest, dass alle Begriffe etwas mit Zeit zu tun haben und unterschiedlich schwer zu erraten sind. Der Schwierigkeitsgrad richtete sich danach, wie geläufig diese Begriffe verwendet werden. Es folgt eine Überleitung zu den Stationen, die nun im Einzelnen vorgestellt werden und eine vertiefende Auseinandersetzung ermöglichen.

Zeit – Begriffe raten

Uhrzeit	Jahreszeit	Zeitmaschine	Gegenwart	Taschenuhr
heute	Ostern	Geburtstag	Zeitung	Datum
Vergangenheit	Freizeit	Kalender	vorgestern	Sommer
Januar	Sanduhr	Zukunft	Herbst	Weihnachten
Frühling	Jahr	Winter	gestern	Monat
Stunde	Tag	Mittagszeit	Abend	Sekunde
Sonnenuntergang	rechtzeitig	Mahlzeit	frühzeitig	Sonnenaufgang
früher	morgen	Steinzeit	Silvester	übermorgen
Minute	Zeitdruck	Langeweile	Sonnenuhr	Zeitreise

2.4 Aufbau der Stationen – Übersicht

Pflichtaufgaben	**Wahlpflichtaufgaben** (eine Aufgabe von zweien muss gewählt werden)	**Wahlaufgaben** (freiwillige Zusatzaufgaben)
Station 1 *Zeitvorstellungen untersuchen* **(M1)**	Station 6 *Jahreszeituhr* **(M6)** Station 7 *Feiertage und Feste im Jahr* **(M7)**	Station 16 *Sprüche aus aller Welt* **(M16)**
Station 2 *Zeit ablesen* **(M2)**	Station 8 *Zeitcollage* **(M8)** Station 9 *Uhr der Zukunft* **(M9)**	Station 17 *Zeit-Sprünge* **(M17)**
Station 3 *Die Zauberuhr* **(M3)**	Station 10 *Uhr-Zeit-Lotto* **(M10)** Station 11 *Zeit-Lotto* **(M11)**	Station 18 *Freizeit* **(M18)**
Station 4 *Lebenskette* **(M4)**	Station 12 *Zeitdetektiv* **(M12)** Station 13 *Redensarten* **(M13)**	Station 19 *Mit der Zeitmaschine auf Zeitreise* **(M19)**
Station 5 *Ein verrückter Tag* **(M5)**	Station 14 *Wie war das eigentlich früher?* **(M14)** Station 15 *Mein Leben im Jahr 2030* **(M15)**	Station 20 *Ich will mehr wissen!* **(M20)**

2.5 Materialien

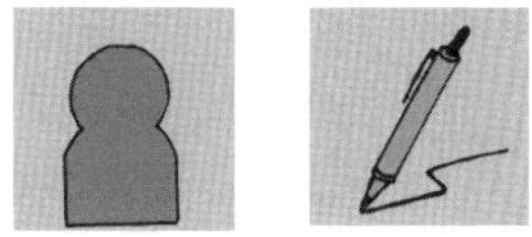

M1
Zeitvorstellungen untersuchen

Mein Lebenslauf

Ich heiße Maike und wurde am 17. August 1997 geboren. Mit drei Jahren bin ich in den Kindergarten gekommen und mit 6 Jahren wurde ich eingeschult. Meine Hobbys sind Tanzen, Musikhören und Fahrradfahren. Jetzt gehe ich in die vierte Klasse und bin 10 Jahre alt. Meine beste Freundin heißt Anne. Wenn ich achtzehn bin, will ich studieren. Mit vierundzwanzig bin ich dann eine Lehrerin.

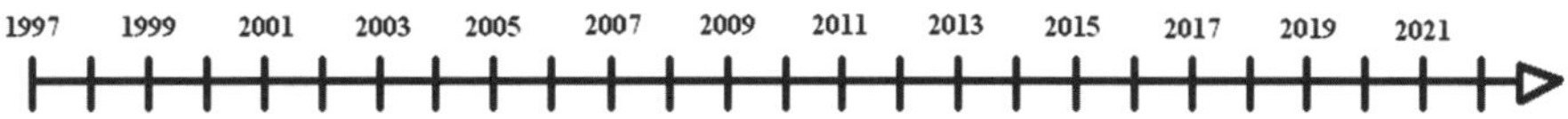

Aufgabe:

➔ Trage Maikes Lebensdaten in die Zeitleiste ein!

➔ Fertige selbst eine Zeitleiste an, die mit deinem Geburtstag beginnt und in die Zukunft reicht!

Zum Beispiel:

Peter steht jeden Morgen um 7.00 Uhr auf. Er stellt deshalb abends seinen Wecker:

Aufgabe:

➔ Zeichne ein, auf welche Zahle, die Zeiger zeigen müssen!

➔ Was tust du immer oder meistens zur gleichen Zeit? Schreibe es auf!

➔ Vergleiche beide Zeitvorstellungen! Welche Gemeinsamkeiten und welche Unterschiede findest du heraus?

M2

Zeit ablesen

> **Aufgabe:**
> Wie spät ist es auf den abgebildeten Uhren? → Schreibt beide mögliche Uhrzeiten unter die Abbildungen! Wenn du unsicher bist, verwende das Hilfe-Blatt zu M2!

1 ______ / ______

2 ______ / ______

3 ______ / ______

4 ______ / ______

5 ______ / ______

6 ______ / ______

7 ______ / ______

8 ______ / ______

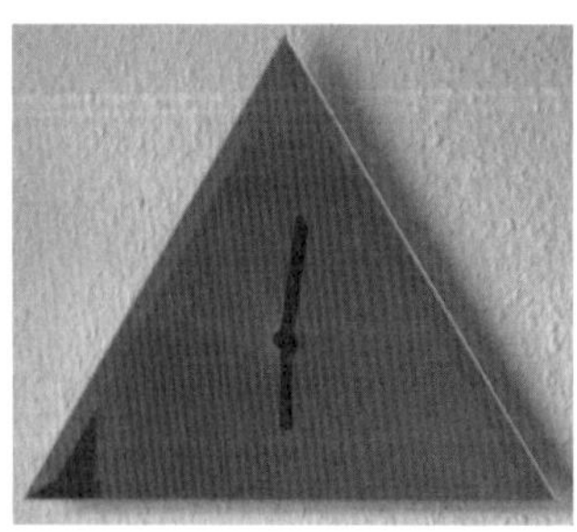

9 ______ / ______

Hilfe-Blatt zu M2

Wie lese ich die Uhr?

Wenn wir die Uhr lesen, dann reden wir von vollen Stunden. Eine Stunde hat immer genau 60 Minuten.

Eine Stunde ist dann voll, wenn der kleine, breite Zeiger genau auf eine Zahl zeigt und der große, schmale Zeiger nach oben auf die 12 zeigt.

Beispiel:

Wenn der kleine, breite Zeiger genau auf die 5 und der große, schmale Zeiger genau auf die 12 zeigt, dann sagen wir, wenn es früh am Morgen ist: „Es ist 5 Uhr." Und wenn es spät am Nachmittag ist: „Es ist 17 Uhr."

Wenn wir die Uhr lesen sprechen wir manchmal auch von halben Stunden.

Eine Stunde ist dann zur Hälfte gefüllt, wenn der kleine, breite Zeiger genau zwischen zwei Zahlen steht, und der große, schmale Zeiger nach unten auf die 6 geht.

Beispiel:

Wenn der kleine, breite Zeiger zwischen der 4 und der 5 steht und der große, schmale Zeiger nach unten auf die 6 zeigt, dann sagen wir, wenn es früh am Morgen ist: „Es ist 4.30 Uhr."
Wenn es am Nachmittag ist, sagen wir: „Es ist 16.30 Uhr."

M3

Die Zauberuhr

Vergeht Zeit immer gleich schnell? Probiert es aus!

Aufgabe:

→ Stellt eine Stoppuhr jeweils auf eine Minute und führt folgende Tätigkeiten aus. Tragt in die Tabelle ein, ob euch die Zeit eher schnell oder eher langsam vergangen ist! Was stellt ihr fest?

Kniebeuge machen	
Mit einem Kind erzählen	
Etwas lesen	
Zahlen schreiben	
Aus dem Fenster gucken	
Auf einem Bein stehen	
Auf und ab gehen	
Die Bewegung des Zeigers der Uhr verfolgen	

M4

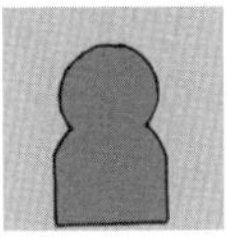 

Lebenskette

Du benötigst folgendes Material:
- einige Wäscheklammern
- ein Stück Seil
- ein paar Zettel
- Stifte
- Klebstoff
- (Fotos)

Aufgabe:

➔ Überlege dir, was du in deinem Leben bisher alles gemacht hast. Vielleicht bist du in den Kindergarten gegangen oder du warst schon einmal in einem anderen Land. Vielleicht hast du einmal ein Haustier bekommen.

Wenn dir etwas eingefallen ist, dann nehme dir einen Zettel und entscheide, ob du das Erlebnis aufschreiben oder aufmalen möchtest. Du kannst auch ein Foto aufkleben.

Als Nächstes überlegst du, wie alt du gewesen bist, als du das Erlebnis hattest und schreibst die Zahl auf eine Wäscheklammer. Mit dieser Wäscheklammer hängst du nun deinen Erlebniszettel an das Seil. Achte darauf, dass die Erlebnisse in der richtigen Reihenfolge hängen!

M5

Ein verrückter Tag

Als Sandra in die Küche kam, war der Tisch bereits gedeckt. „Guten Abend“, sagte sie zu ihrer Mutti, die beim Schmieren der Schulbrote war. „Guten Morgen“, antworte die Mutter. „Darf ich noch ein bisschen aufbleiben und ein bisschen Fernseher gucken?“ fragte Sandra. „Aber das geht doch nicht“, erwiderte die Mutter. „Du musst doch in die Schule.“ „Kann ich dann noch ein bisschen im Bett lesen?“ Da kam der Vater dazu. „Mahlzeit! Was gibt es denn heute zu Mittag?“ fragte er. „Müsli natürlich – wie jeden Morgen“, antwortete seine Frau. „Aber Mama, du hast mir doch versprochen, dass es zum Abendbrot Eierkuchen mit Apfelmus gibt.“ antwortete Sandra empört. „Ich habe uns einen Eintopf gekocht. Magst du den Tisch decken?“ wandte sich der Vater an Sandra. Inzwischen war die Sonne aufgegangen und ließ ihre warmen Strahlen in das Fenster fallen.

Aufgabe:

Was ist an dieser Geschichte verrückt?

Um welche Tageszeit handelt es sich tatsächlich?

➔ Beschreibe deinen Tagesablauf!

➔ Denke dir selbst einen verrückten Tag aus. Schreibe deine Geschichte auf! Vielleicht magst du auch ein Bild dazu malen.

M6

Jahreszeituhr

Aufgabe:

→ Vervollständige die Jahreszeituhr! Zeichne in den Innenkreis, was dir zu den Jahreszeiten einfällt.

→ Klebe in deinen Geburtstagsmonat ein Foto von dir oder male dich hinein!

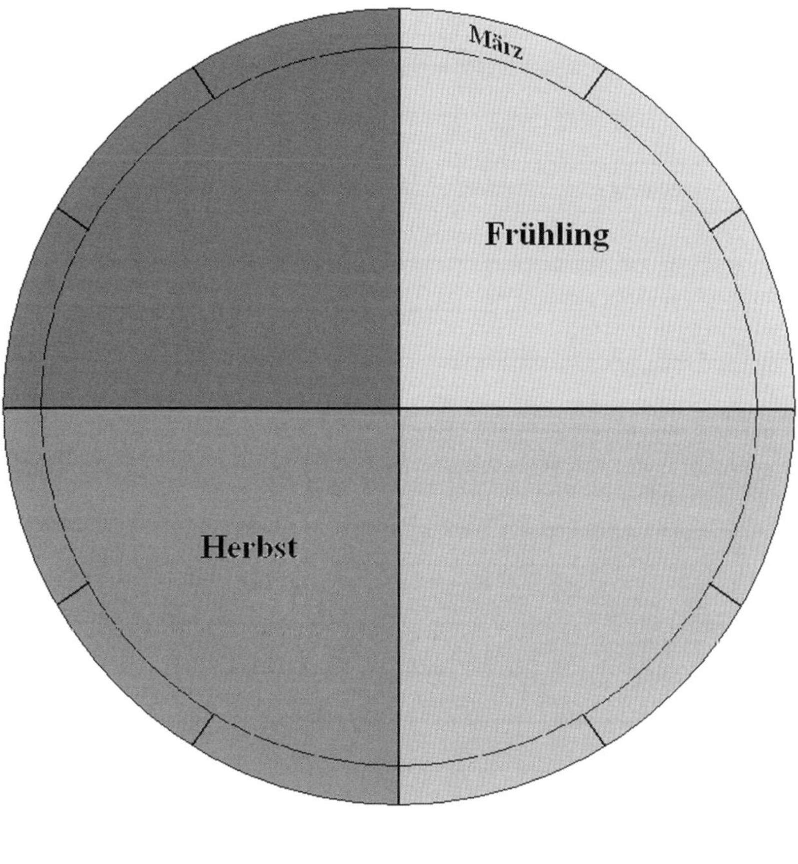

M7

Feiertage und Feste im Jahr

Es gibt Feiertage, die in jedem Jahr auf den gleichen Tag fallen und solche, die in jedem Jahr ein bisschen davon abweichen, die so genannten beweglichen Feiertage.

Aufgabe:

→ Finde mit dem aktuellen Kalender und dem des Vorjahres heraus, zu welcher Sorte folgende Feiertage gehören und trage sie in die Tabelle ein:
Karfreitag, dein Geburtstag, Ostern, Tag der Arbeit, Weihnachten, Allerheiligen, Neujahr, Tag der deutschen Einheit, Pfingsten, Heiliger Abend, Himmelfahrt

Feste Feiertage	**Bewegliche Feiertage**

→ Suche dir einen Feiertage aus und finde heraus, was er bedeutet. Schreibe dazu einen kurzen Erklärungstext!

→ Stellt euch die Ergebnisse im Gesprächskreis vor!

M8

Zeitcollage

Was haben die Bilder in der Collage mit **Zeit** zu tun?

Aufgabe:

➔ Sucht in Zeitschriften und Zeitungen nach Abbildungen zum Thema „Zeit“. Fertigt dann selbst eine Zeit – Collage an!

M9

Uhr der Zukunft

Wenn du durch deine Heimatstadt gehst oder deine Großeltern besuchst, begegnen dir Uhren, deren Form und Gestaltung Spuren vergangener Zeiten tragen, z. B. Uhren an Kirchtürmen, Bahnhofsuhren oder Uhren mit einem Pendel.

Aufgabe:

→ Wie aber werden die Uhren in der Zukunft aussehen? Hast du eine Idee? Male sie auf!

M10

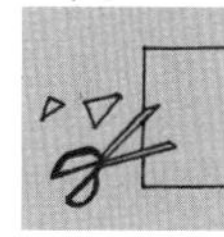

Uhr-Zeit-Lotto

Aufgabe:

➔ Schneidet die Karten aus! Faltet sie an der gestrichelten Linie! Legt sie mit der Uhr nach oben auf den Tisch. Bestimmt nun abwechselnd die Uhrzeit. Kontrolliert mit der Rückseite!

	11.00 23.00		1.50 13.50
	1.30 13.30		4.10 16.10
	4.55 16.55		6.20 18.20
	8.05 20.05		7.55 19.55
	8.35 20.35		9.10 21.10

M11

Zeit-Lotto

Aufgabe:

➔ Schneidet die Kärtchen aus. Lest, was auf ihnen steht! Dreht sie um und versucht, die zusammengehörigen Kärtchen abwechselnd aufzudecken. Gewonnen hat, wer am meisten Pärchen gefunden hat.

Weihnachten ist im	Dezember.	Frühlingsanfang ist im	März.
1 Stunde hat	60 Minuten.	Im Jahr gibt es	12 Monate.
Dem Sommer folgt	der Herbst.	Herbstanfang ist im	September.
Ostern ist im	April.	1 Minute hat	60 Sekunden.
Ein Schaltjahr ist	alle vier Jahre.	Der Januar hat	31 Tage.
Aktuelle Nachrichten stehen in der	Zeitung.	Der Juni hat	30 Tage.

M12

Zeitdetektiv

Aufgabe:
➔ Ordne die folgenden Wortgruppen in die Tabelle ein!

ich sang, er läuft, er ist gelaufen, wir haben gefeiert, er war gelaufen, du hast geschrieben, sie helfen, wir feierten, er lief, sie werden helfen, du schreibst, sie hatten geholfen, du schriebst, ich hatte gesungen, du hattest geschrieben, wir werden feiern, ich singe, sie halfen, ich habe gesungen, sie haben geholfen, du wirst schreiben, ich werde singen, wir feiern, er war gelaufen, er wird laufen, wir hatten gefeiert

Präsens (Gegenwart)	**Präteritum** (Vergangenheit)	**Perfekt** (Vergangenheit mit Präsens von „haben“ oder „sein“)	**Plusquamperfekt** (Vergangenheit mit Präteritum von „haben“ oder „sein“)	**Futur I** (Zukunft)

➔ Bilde mit jeder Wortgruppe einen Satz und schreibe ihn auf!

M13

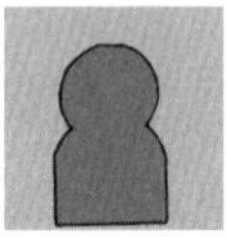

Redensarten

Aufgabe:

→ Überlege, was mit den Redensarten gemeint sein könnte! Bilde mit jeder Redensart einen Satz!

Redensart	**Beispielsatz**
die Zeit totschlagen	
seiner Zeit voraus sein	
Zeit schinden	
gut in der Zeit liegen	
von Zeit zu Zeit	
im Laufe der Zeit	
Zeit stehlen	
keine Zeit verlieren	

M14

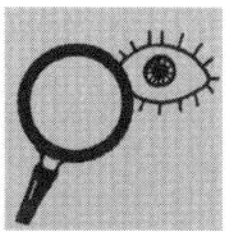

Wie war das eigentlich früher?

Paula und Nele wollen wissen, wie das Leben in früheren Zeiten war. Deshalb wollen sie ihre Großeltern dazu befragen. Auf einem Zettel haben sie einige Fragen notiert, die sie ihnen stellen wollen.

Wann bist du geboren?

Womit hast du als Kind am liebsten gespielt?

Hattest du eine Lieblingslehrerin oder einen Lieblingslehrer?

Was gab es damals noch nicht?

Was war dein schönstes Geburtstagsgeschenk?

Wen würdest du gern einmal wieder sehen?

usw.

Aufgabe:

➔ Überlegt euch zu zweit, wen ihr zu vergangenen Zeiten befragen könnt! Schreibt eure Fragen auf und führt ein Interview durch! Notiert euch die Antworten und stellt euch gegenseitig eure Ergebnisse vor!

M15

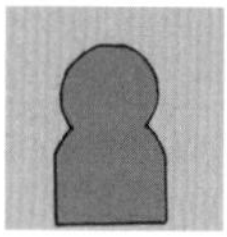

Mein Leben im Jahr 2030

Kinder erzählen, wie sie sich ihre Zukunft vorstellen:

„Im Jahr 2030 bin ich 33 Jahre alt. Dann will ich eine Krankenschwester sein und in einer kleinen Arztpraxis arbeiten. Ob ich dann schon Kinder habe, weiß ich nicht. Auf jeden Fall möchte ich viel verreisen. Dann kann man auch viel schneller als heute von Berlin nach Mexiko kommen. Vielleicht ziehe ich auch nach Afrika oder Amerika."

Luise, 9 Jahre

„Ich will später Profifußballer werden, aber 2030 habe ich meine Kariere schon beendet und bin Trainer in der 1. Bundesliga. Ich habe eine Familie mit zwei Kindern, die ich auch trainiere. Ich wohne in einem schönen Haus und habe einen BMW."

Olaf, 10 Jahre

„2030 ist die Welt viel moderner als heute oder sie ist viel kaputter. Vielleicht gibt es dann viel weniger Bäume, weil alles schon abgeholzt ist, nur noch Zimmerpflanzen. Ich möchte dann ein Computerfachmann oder ein Erfinder sein. Ob ich dann auch eine Familie habe, kann ich mir nicht vorstellen. Ich wohne dann nicht mehr zu Hause, sondern habe eine eigene Wohnung oder ein eigenes Haus. Ich hätte auch gern einen Hund."

Jan, 10 Jahre

Hast du ähnliche oder ganz andere Vorstellungen von deiner Zukunft?

Aufgabe:

➔ Schreibe auf, wie du dir dein Leben im Jahr 2030 vorstellst!

M16

Sprüche aus aller Welt

Aufgabe:

➔ Lest die Sprichwörter und diskutiert, was sie bedeuten könnten!

„Dem Wartenden scheinen Minuten Jahre zu sein."
Chinesisches Sprichwort

„Zeit ist Geld."
Internationales Sprichwort

„Alles hat seine Zeit."
Deutsches Sprichwort

„Vergeude nie die Zeit."
Chinesisches Sprichwort

„Zeit bekommt man nicht für Geld zu kaufen."
Chinesisches Sprichwort

„Kommt Zeit – kommt Rat."
Deutsches Sprichwort

„Nichts übereile, gut Ding braucht Weile."
Deutsches Sprichwort

„Geduld und Zeit vermögen mehr als Gewalt und Wut."
Französisches Sprichwort

„Geschehen ist geschehen."
Deutsches Sprichwort

„Demjenigen, der warten kann, dem kommt alles zur rechten Zeit."
Französisches Sprichwort

M17

Zeitsprünge

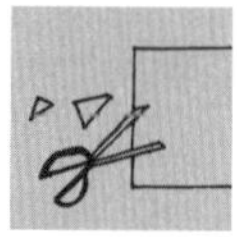

Aufgabe:

→ Schneidet die Bildkarten aus! Ordnet sie einander zu! Zeichnet auf die leeren Karten, wie ihr euch das Abgebildete in der Zukunft vorstellt! Tauscht euch über eure Vorstellungen aus!
Nun legt alle Karten mit dem Bild nach unten auf den Tisch, mischt sie und versucht abwechselnd die drei zusammengehörigen Kärtchen aufzudecken!

früher	**heute**	**in Zukunft**

M18

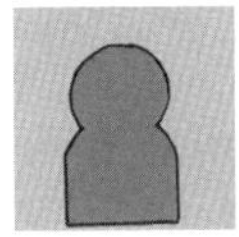 

Freizeit

Aufgabe:

➔ Hier siehst du, wie Nele und Paula ihre Freizeit verbringen. Welche Freizeitaktivitäten sind dargestellt? Vergleiche sie mit deinen eigenen Hobbys!

➔ Stelle dir vor, du willst einem Brieffreund oder einer Brieffreundin etwas darüber mitteilen. Schreibe einen Brief, in dem du über deine Freizeit berichtest!

M19

Mit der Zeitmaschine auf Zeitreise

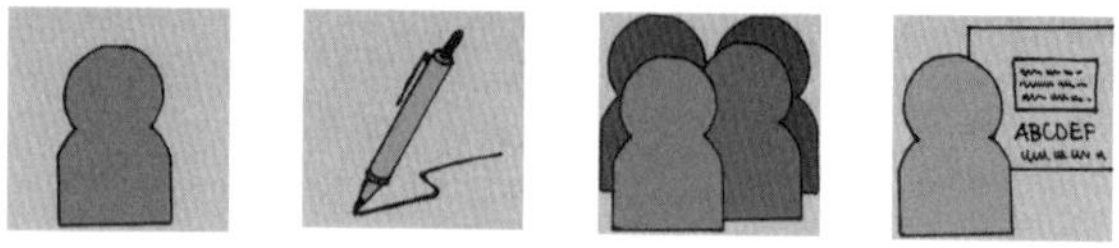

Stelle dir vor, es gibt eine Zeitmaschine, die dich in die Zukunft bringen kann. Mathes und Chantalle sind mit dieser Maschine bereits gereist und haben ihre Vorstellungen aufgemalt!

„Auf dem Mond in 30.020 Jahren um zehn Uhr morgens"
Chantalle, 8 Jahre

„Rakete der Zukunft"
Mathes, 9 Jahre

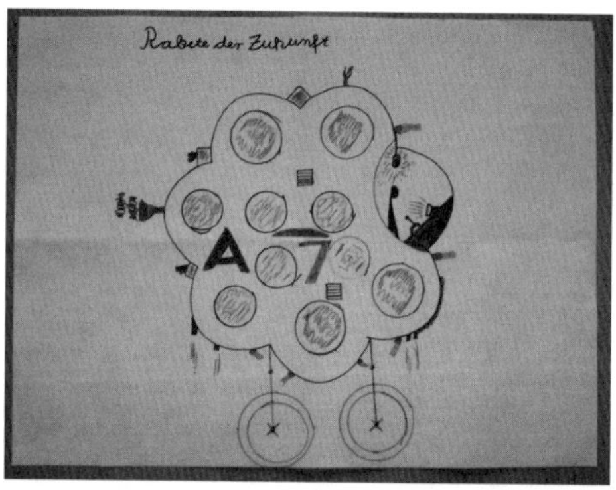

Aufgabe:

➔ Nun bist du dran! Schließe die Augen und stelle dir vor, der Stuhl, auf dem du sitzt, trägt dich in die Zukunft. Du kannst entscheiden, ob er in zehn, fünfzig, einhundert oder eintausend Jahren haltmachen soll. Zeichne auf, was du gesehen hast!

➔ Stellt euch eure Ergebnisse gegenseitig vor!

M20

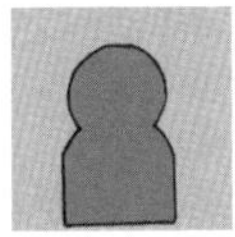 

Ich will mehr wissen!

Aufgabe:

→ Auf den Wissenskärtchen erhältst du weitere Informationen zum Thema „Zeit“.
Lies dir für dich interessante Texte durch und notiere dir das Wichtigste in Stichpunkten.

Warum gibt es alle 4 Jahre ein Schaltjahr?

Julius Cäsar erstellte 46 vor Christus nach den Berechnungen des griechischen Astronomen Hipparchos den neuen Julianischen Kalender (nach Julius Cäsar benannt). Hipparchos hatte berechnet, dass ein Sonnenjahr genau 365 Tage, 5 Stunden, 55 Minuten und 12 Sekunden, also $365\,{}^{1}/_{4}$ Tag lang ist. Deshalb wurde alle vier Jahre ein ganzer Tag an das Jahr angehängt und damit das Schaltjahr eingeführt. Da man vorher davon ausging, dass das Jahr 355 Tage hat, wurden die zehn dazukommenden Tage auf die Monate verteilt. Dadurch war jetzt jeder Monat 30 oder 31 Tage lang. Damals war Februar noch der letzte Monat im Kalender. Die Griechen glaubten, dass gerade Zahlen, wie die 30, Unglück bringen und versuchten daher, möglichst vielen Monaten 31 Tage zuzuordnen. Für den Februar blieben nur noch 29 und im Schaltjahr 30 übrig. Kaiser Augustus sorgte dafür, dass dem Februar noch ein Tag abgezogen wurde. Er hatte im August Geburtstag und wollte deshalb, dass sein Geburtsmonat 31 Tage hat. Deshalb verlegte er den 29. bzw. 30. Februar auf den 31. August. Da aber pro Jahr 11 Minuten und 14 Sekunden pro Tag übersehen worden waren, fand im Laufe der Jahrhunderte alle 128 Jahre ein Schaltjahr zu viel statt. Daraufhin führte Papst Gregor den Gregorianischen Kalender ein, der das Jahr in 365 Tage, 5 Stunden, 48 Minuten und 46 Sekunden einteilt. Nach dieser Berechnung sammelt sich ebenfalls nach 4 Jahren etwas mehr als ein Tag an, was wieder durch ein Schaltjahr fast ausgeglichen wird.

(nach www.wdrmaus.de/sachgeschichten/archiv040229.phtml)

Was ist eine Zeitzone?

Eine Zeitzone ist ein Gebiet der Erde, auf dem eine gemeinsame Zeit gilt. Ursprünglich verfügte jeder größere Ort über seine eigene Zeit, die vom Stand der Sonne abhängig war. 1884 wurde die Erde in 24 Zeitzonen eingeteilt. Das war nötig, weil die Menschen mit der Eisenbahn immer weitere Entfernungen zurücklegten und durch die unterschiedlichen Zeiten ständig die Fahrpläne angepasst werden mussten.

Wer war Albert Einstein?

Albert Einstein war ein berühmter deutscher Physiker. Er wird auch als Genie bezeichnet. Ein Genie ist ein besonders kluger und genialer Mensch. Albert Einstein wurde am 14. März 1879 als Sohn jüdischer Eltern in Ulm geboren. Er besuchte in München die Schule. Im Unterricht langweilte er sich sehr und brach sie schließlich ohne Abschluss ab. Er studierte Physik und galt bald als hochbegabt, aber sehr faul. Einstein arbeitete lieber allein. Er beschäftigte sich mit der Lichtgeschwindigkeit und mit der Schwerkraft, z. B. ging er der Frage nach, ob ein Bleistift in einem sich bewegenden Fahrstuhl schneller oder langsamer fällt als in einem unbeweglichen Raum. Nach dem Studium arbeitete er als Patentanwalt und wurde Professor für Physik in Berlin. Im zweiten Weltkrieg wurde Einstein wegen seiner jüdischen Abstammung bedroht. Deshalb floh er mit seiner Frau und seinen drei Kindern in die USA. Dort vollendete er seine Forschungen zur Relativitätstheorie und wurde weltberühmt. Einstein hatte herausgefunden, dass die Zeit für Objekte, die sich gleichmäßig aufeinander zu bewegen, unterschiedlich schnell abläuft. Damit hat er das Weltbild, das vorher 200 Jahre unverändert war und das davon ausging, dass Raum und Zeit auch noch da sind, wenn alle anderen Dinge aus der Welt verschwinden, auf den Kopf gestellt. Für seine Forschungen erhielt Einstein den Nobelpreis für Physik. Viele physikalische Forschungen bauen noch heute auf seinen Ideen auf. Einstein starb am 18. April 1955 in den USA.

Was sind Sonnenuhren?

Sonnenuhren sind astronomische Geräte, mit denen man nach dem Stand der Sonne die Zeit messen kann. Die Astronomie ist die Wissenschaft von den Gestirnen. Sie untersucht mit naturwissenschaftlichen Mitteln die Eigenschaften der Planeten, Monde, der Sterne und auch der Sonne im Weltraum. Bei einer Sonnenuhr wird der Schatten eines Zeigers auf einem Ziffernblatt abgebildet.

Der Zeiger der Sonnenuhr wird als Gnomon bezeichnet. Es gibt verschiedene Typen von Sonnenuhren, z. B. runde und solche, die wie eine Scheibe aussehen. Vielleicht hast du schon einmal im Sand das Ziffernblatt einer Uhr gemalt und mit einem Stöckchen, das du nach der Sonne ausgerichtet hast, eine Sonnenuhr gebaut. Sonnenuhren gab es schon in der Antike. Vor allem die Griechen haben vielfältige Sonnenuhren gebaut. Heute finden wir kunstvoll ausgeschmückte Exemplare oft in Klöstern oder Sternwarten.

2.6 Literatur und Internetadressen

Für Lehrerinnen und Lehrer

Beck, G. (1994): „Zeit“. In: Die Grundschulzeitschrift 77/1994

Beck, G. (1987): „Kinder brauchen Zeit für die Zeit“. In: Die Grundschulzeitschrift 2/1987

Bergmann, K. (2002): „Kinder entdecken Geschichte. Historisches Lernen in der Grundschule“. In: Demantowsky, M./Schönemann, B. (Hrsg.): Neue geschichtsdidaktische Positionen. Bochum, S. 93–102

Faust-Siehl, G. (1989): Lernen an Stationen: Kinder und die Einheiten der Zeit. In: Grundschule 3/1989

Honnefelder, G. (1995): Was also ist die Zeit? Frankfurt/Main

Reichel-Wehnert, K. (2002): Spiel. Eine Reise in die Zeit. In: Grundschulunterricht 12/2002

Schaub, H. (2002): Zeit und Geschichte erleben. Zeit in der Natur – Umgang mit Zeit – Erfahrung des Wandels. Berlin

Für Schülerinnen und Schüler

Llewellyn, C. (1993): Mein großes Buch von der Zeit. Nürnberg

Rieper-Bastian, M./Nahrgang, F. (1993): Was ein Tag alles bringt. Ravensburg

Übelacker, E. (1990): Was ist was? Band 22: Die Zeit. Nürnberg

Empfehlenswerte Internetadressen

Stets aktuelles zu den Jahreszeiten: www.GEOlino.de

http://www.schulzens.de/Grundschule/start/Projekte/Zeit/zeit.html

http://www.uni-oldenburg.de/roesa/zeit/index.htm

http://www.physikfuerkids.de/historie/zeit/

http://www.bgzehnwn.ac.at/zeit6ab/

http://www.e-lisa.at/linkexpress/archiv/2002/020110.asp

(Arbeitsvorschläge zum Thema Kalender, Uhrzeit, Monate)
http://members.aol.com/Reveille26/GeschUhr.html

3. Wasser

3.1 Was man wissen sollte

Der Wasserkreislauf

71% der Erdoberfläche sind von Wasser bedeckt und rund 8% von Eis. In der Atmosphäre ist Wasser mit 4% als Wasserdampf enthalten. Es wird kaum Wasser auf der Erde neu gebildet. Wasser ist Teil eines ununterbrochenen Kreislaufes. Wasser verdunstet unter dem Einfluss der Sonne, kondensiert über dem Festland, fällt wieder als Niederschlag auf die Erde, sammelt sich in Bächen und Flüssen und gelangt schließlich wieder ins Meer. Dieser Zyklus wird auch als **Wasserkreislauf** bezeichnet. Ist die Luft über dem Festland sehr kalt, gefriert das Wasser. Dadurch entstehen Schnee und Hagel.

Die Bedeutung des Wassers

Alles Leben auf der Erde braucht Wasser, um existieren zu können. Pflanzen bestehen zu über 90% aus Wasser, Tiere und Menschen zu 60 bis 70%. Wasser ermöglicht chemische und physikalische Lebensvorgänge innerhalb und außerhalb der Zellen und regelt die Körpertemperatur, indem es dem Körper durch Verdunstung Wärme entzieht.

Die Eigenschaften des Wassers

Wasser ist eine chemische Verbindung der Elemente Wasserstoff und Sauerstoff. Bei normalen Temperaturen verdunstet Wasser langsam. Der Siedepunkt des Wassers liegt bei 100 Grad Celsius. Bei dieser Temperatur verdampft Wasser so schnell, dass sich Blasen im Wasser bilden. Unter 0 Grad Celsius gefriert Wasser zu Eis. Wasser ist die einzige natürliche Substanz, die auf der Erde als Gas (Wasserdampf), als Flüssigkeit und als Feststoff (Eis) vorkommt. Wasser hat seine größte Dichte bei 4 Grad Celsius. Dies führt dazu, dass Eis weniger dicht als Wasser ist und auf der Wasseroberfläche treibt.

Um die Temperatur von Wasser zu erhöhen, sind große Energiemengen erforderlich. Da der größte Teil der Erde von Wasser bedeckt ist, wirkt sich die Energie der Sonne nur in relativ geringen Temperaturschwankungen auf unserem Planeten aus. Hätte Wasser eine geringere Wärmekapazität, d. h. würde es sich schneller erwärmen, wäre kein Leben auf der Erde möglich. Im Sommer wird die Wärme in den Ozeanen gespeichert und im Winter wieder frei gesetzt. So tragen die Ozeane zu einer Mäßigung des Klimas bei und reduzieren die Temperaturschwankungen zwischen den Jahreszeiten.

Auch die Verdunstungswärme des Wassers ist hoch, d. h. es wird viel Energie von der Sonne benötigt, um flüssiges Wasser in Dampf umzuwandeln. Dieser Dampf bewegt sich aus wärmeren in kältere Zonen und wandelt sich in flüssiges Wasser zurück, das als Regen fallen kann.

Reines Wasser kommt in der Natur so gut wie nie vor, da sich im Wasser Salze und Gase leicht lösen. Auch das Wasser im menschlichen Körper enthält viele gelöste Stoffe, wie z. B. Salze, Fette und Kohlenhydrate. Große organische Moleküle, wie z. B. Öle, lösen sich nicht im Wasser. Eine weitere Eigenschaft des Wassers ist seine große Kohäsionskraft, die zur Folge hat, dass eine Wassersäule nicht ohne weiteres reißt und das Wasser aus dem Wasserhahn nicht tropft, sondern fließt. Diese Eigenschaft ist besonders wichtig für pflanzliche Transpiration, d. h. für die Versorgung der Pflanzen mit Wasser durch die Wurzeln.

Die Oberflächenspannung des Wassers resultiert aus der starken Anziehung der Wassermoleküle untereinander an der Oberfläche des Wassers.

Wasserverschmutzung und Wasseraufbereitung

Da unbehandeltes Grund- oder Oberflächenwasser meist nicht als Trinkwasser geeignet ist, muss es in entsprechenden **Aufbereitungsanlagen** gereinigt werden. Dabei werden im Wasser enthaltene Keime und Schadstoffe entfernt. Das Wasser wird mit Chlor, Chlorverbindungen oder Ozon desinfiziert, Schwebstoffe werden mit Kiesfiltern herausgefiltert. Nach der Wasseraufbereitung kommt das Wasser in Wasserspeicher und durch ein entsprechendes Rohrsystem in Betriebe, Einrichtungen und private Haushalte. Dort strömt es aus der Leitung, weil es unter Druck steht, der durch Pumpen erzeugt wird. Aber auch durch das Gewicht des Wassers entsteht Druck. Je tiefer das Wasser im Erdinnern, desto höher der Druck.

Wasser ist auf der Erde sehr ungleichmäßig verteilt. In vielen Teilen der Erde, z. B. in Teilen Afrikas, fallen nur geringe Niederschläge, was zu großen Hungersnöten führen kann. Aber auch in Regionen mit ausreichend Wasser kommt es zunehmend zu Problemen durch Wasserverschmutzung, wenn Schadstoffe ins Oberflächen- und Grundwasser geraten

Energiegewinnung durch Wasser

Wasser als Energiequelle wird bereits mehr als 2000 Jahre genutzt, etwa um Mühlen und Wasserräder anzutreiben. Heute wird die Strömung des Wassers vor allem in Wasserkraftwerken genutzt.

3.2 Lernziele

Die Schülerinnen und Schüler setzen sich mit dem Phänomen „Wasser“ in vielfältiger Weise auseinander. Dabei eignen sie sich an, dass

- Wasser eine der entscheidenden Voraussetzungen für das Leben ist,
- Wasser eine Oberflächenspannung aufweist,
- sich manche Stoffe im Wasser lösen (z. B. Salze) und andere (z. B. Öle) nicht und Wärme die Lösungsprozesse beschleunigt,
- einige Gegenstände (große und leichte) wegen des Auftriebs auf dem Wasser schwimmen und andere (kleine und schwere) nicht,
- Wasser auf der Erde kaum neu gebildet wird, sondern einem ununterbrochenen Kreislauf von Niederschlag und Verdunstung unterliegt,
- Wasser als flüssiger, fester und gasförmige Stoff existiert,
- die große Bedeutung des Wassers in Mythen und Märchen seinen Niederschlag gefunden hat,
- Wasser vielfältige Möglichkeiten der kreativ-künstlerischen Auseinandersetzung bietet.

3.3 Einführung des Themas

Für die Einführung bietet sich folgendes Detektivspiel an. Die Klasse wird in zwei bis vier Gruppen aufgeteilt. Jede Gruppe erhält den Erkundungsauftrag. Die Gruppen haben 30 Minuten Zeit, den Auftrag durch Nachfragen, Beraten, Ausprobieren oder Nachschlagen zu erledigen. Danach werden die Ergebnisse im Plenum ausgewertet.

Wasserdetektive in Aktion

- Welche Gewässer befinden sich in eurem Wohnort oder in der Nähe eures Wohnortes?

____

____

____

____

____

- Wann hat es das letzte Mal geregnet?

____

____

- Überschlagt, wie viel Flüssigkeit ihr durchschnittlich am Tag zu euch nehmt?

____

____

- Wofür wird Wasser im Haushalt verwendet? Notiert mindestens 5 Dinge!

____

____

- Wie viel Wasser benötigt eine Person mindestens zum Zähne putzen?

____

____

- Schwimmt ein Streichholz auf dem Wasser? Probiert es aus! Habt ihr eine Erklärung für das Ergebnis?

____

____

____

____

____

3.4 Aufbau der Stationen – Übersicht

Pflichtaufgaben	**Wahlpflichtaufgaben** (eine Aufgabe von zweien muss gewählt werden)	**Wahlaufgaben** (freiwillige Zusatzaufgaben)
Station 1 *Wasser im Alltag* **(M1)**	Station 6 *Wasser und Weltentstehung (Thales)* **(M6)** Station 7 *Das Wasser des Lebens (Gebrüder Grimm)* **(M7)**	Station 16 *Geheimnisvolle Flaschenpost* **(M16)**
Station 2 *Eigenschaften des Wassers: Wasser als Lösungsmittel* **(M2)**	Station 8 *Wasserreinigung mit Sieb und Filter* **(M8)** Station 9 *Wasserreinigung im Kies-Sandgemisch* **(M9)**	Station 17 *Vineta – die versunkene Stadt* **(M17)**
Station 3 *Eigenschaften des Wassers: Oberflächenspannung* **(M3)**	Station 10 *Tiere am Wasser: Die Stockente* **(M10)** Station 11 *Pflanzen am Wasser: Die gelbe Wasserlilie* **(M11)**	Station 18 *Wir bauen ein Floß aus Naturmaterial* **(M18)**
Station 4 *Eigenschaften des Wassers: Warum können einige Dinge schwimmen und andere nicht?* **(M4)**	Station 12 *Redewendungen rund ums Wasser* **(M12)** Station 13 *Wasser-Elfchen schreiben* **(M13)**	Station 19 *Piraten – Die Herren der Meere* **(M19)**
Station 5 *Der Wasserkreislauf* **(M5)**	Station 14 *Viel Spaß beim Fischen* **(M14)** Station 15 *Künstlerisches Gestalten: Im Meer* **(M15)**	Station 20 *Ich will mehr wissen!* **(M20)**

3.5 Materialien

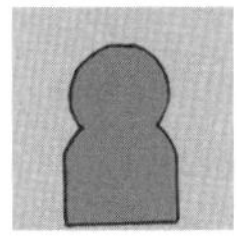

M1
Wasser im Alltag

Aufgabe:

➔ Alle Fotos haben etwas mit dem Thema Wasser zu tun. Schreibe zu jedem Foto auf, was dir dazu einfällt!

1.

2.

3.

4.

5.

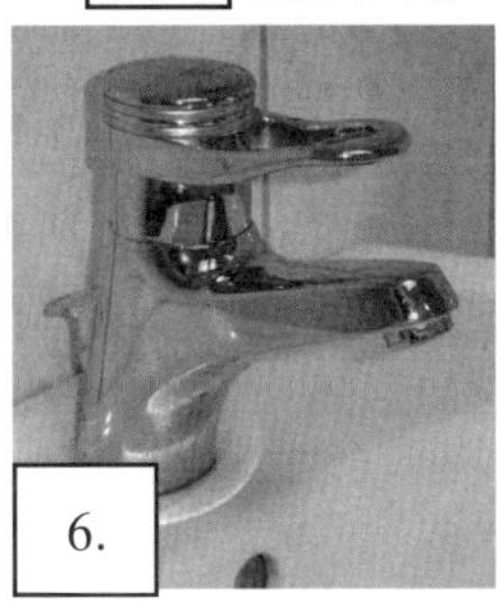

6.

➔ Wo begegnet uns noch Wasser im Alltag? Notiert es hier!

____

____

M2

Eigenschaften des Wassers:
Wasser als Lösungsmittel

Aufgabe:

➔ Fülle zuerst ein Glas halb voll mit kaltem Wasser! Gib ein Stück Zucker dazu und rühre mit einem Löffel 3 Minuten um! Was beobachtest du?

➔ Fülle nun ein anderes Glas halb voll mit warmem Wasser!
Gib wieder ein Stück Zucker dazu!
Was beobachtest du?

➔ Wiederhole die beiden Experimente mit Salz, Speiseöl und Mehl!
Notiere deine Beobachtungen in der Beobachtungstabelle!

	Kaltes Wasser	**Warmes Wasser**
Zucker		
Salz		
Speiseöl		
Mehl		

➔ Kannst du dir deine Beobachtung erklären? Schreibe deine Vermutung auf!

M3

Eigenschaften des Wassers: Oberflächenspannung

Aufgabe:

→ Fülle ein Glas fast voll mit Wasser. Lege nun nacheinander Geldstücke in das Glas! Beobachte die Oberfläche des Wassers. Was passiert, bevor das Glas überläuft? Fertige eine Skizze an!

→ Wie erklärst du dir deine Beobachtungen? Schreibe deine Vermutungen auf!

M4

Experimente: Warum können einige Dinge schwimmen und andere nicht?

Aufgabe:

➔ Füllt eine Schüssel mit Wasser! Versucht nun folgende Dinge schwimmen zu lassen: einen Stein, eine Playmobilfigur, einen Bleistift, eine leere Butterdose, einen Korken, ein Geldstück! Versucht es auch mit anderen Gegenständen! Tragt nun eure Beobachtungen ins Protokoll ein!

	Schwimmt	**Schwimmt nicht**
Stein		
Playmobilfigur		
Bleistift		
Butterdose		
Korken		
Geldstück		

➔ Welche der folgenden Erklärungen für eure Beobachtungen sind richtig? Kreuzt an!

☐ A: Taucht ein leichter und großer Gegenstand in das Wasser ein, verdrängt er Wasser. Der Gegenstand wird nach oben gedrückt.

☐ B: Taucht ein kleiner und schwerer Gegenstand in das Wasser ein, verdrängt er Wasser und wird nach oben gedrückt.

☐ C: Taucht ein kleiner und schwerer Gegenstand in das Wasser ein, geht er unter.

M5

Der Wasserkreislauf

Wasser bewegt sich in einem ununterbrochenen Kreislauf. Durch die Wärme der Sonne verdunstet das Wasser auf der Erde und gelangt als unsichtbarer Wasserdampf in die Luft. Dort kühlt er sich ab. Aus dem Wasserdampf bilden sich kleine Tröpfchen, die sich langsam verdichten und zu Wolken werden (kondensieren). Die Tröpfchen verschmelzen miteinander und bilden größere Tropfen. Werden diese zu groß und zu schwer, fallen sie als Regen, Schnee oder Hagel, je nach Lufttemperatur, herab. Der größte Teil des Niederschlages verdunstet wieder und fließt in Bäche, Flüsse und ins Meer. Ein anderer Teil versickert durch verschiedene Erdschichten. Hier befindet sich das so genannte Grundwasser. An manchen Stellen sprudelt es als Quelle wieder aus der Erde und strömt wie die Flüsse zum Meer. Dort verdunstet es wieder durch die Wärme der Sonne. Der Kreislauf beginnt erneut.

Aufgabe:

➔ Gib den Wasserkreislauf der Erde mit eigenen Worten wieder. Verwende dabei zur Veranschaulichung folgendes Modell!

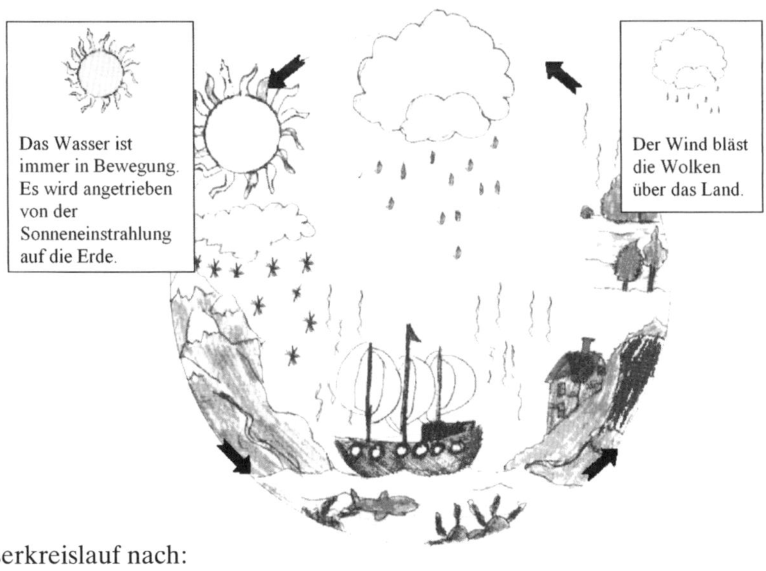

Wasserkreislauf nach:
www.grundschule-friedrichsfehn.de/projekte/wassertropfen/wasserkreislauf/wasserkreislauf.html

M6

Wasser und Weltentstehung (Thales von Milet)

Quelle:
www.memo.fr/Media/PER_ANT_069.jpg

Thales von Milet lebte ca. 600 v. C. in der Stadt Milet. Sein Grundgedanke war, dass alles, was existiert, einen gemeinsamen natürlichen Ursprung haben muss und dass hinter dem Wandel der Erscheinungen, wie Sommer und Winter, Blühen und Verwelken, ein gemeinsamer und unveränderlicher Urstoff steht, der die Dinge hervorbringt und auch wieder zurücknimmt. Für diesen Urstoff hielt er das Wasser. Zu seinen Überlegungen kam Thales, indem er die Natur beobachtet hat.

Aufgabe:

➔ Überlegt, welche Beobachtungen Thales gemacht haben könnte! Schreibt eure Ideen um den Kreis in der Mitte!

Blumen verwelken ohne Wasser

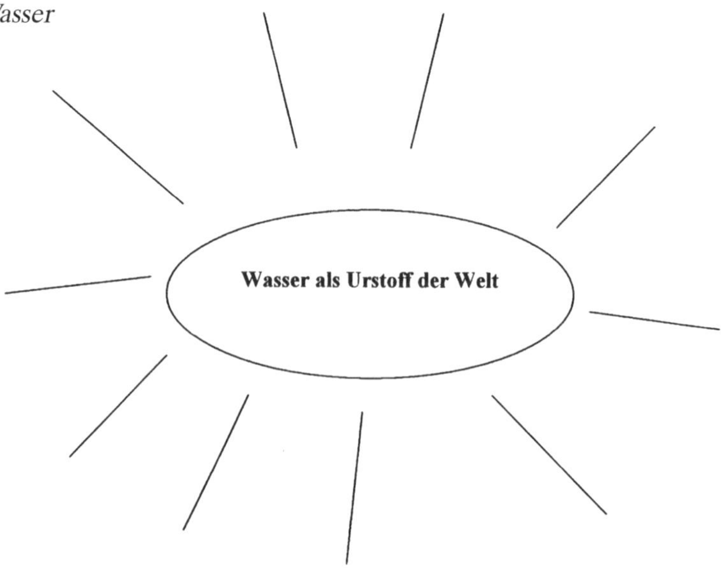

M7

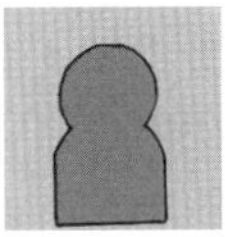

Das Wasser des Lebens (nach den Brüdern Grimm)

Es war einmal ein König, der war sterbenskrank und kein Arzt konnte ihm helfen. Er hatte drei Söhne, die im Park spazieren gingen und sich große Sorgen um ihren Vater machten. Da begegnete ihnen ein alter Mann. Er erzählte ihnen, dass nur das Wasser des Lebens dem König helfen könne. Daraufhin machte sich der älteste Sohn auf, dieses Wasser zu suchen. Er dachte sich: „Wenn ich dem Vater das Leben rette, werde ich sein liebster Sohn sein und das Reich erben." In einem Wald begegnete ihm ein Zwerg, der nach seinem Weg fragte. Aber der Sohn wies ihn zurück: „Mein Weg geht dich nichts an!" Daraufhin verwünschte der Zwerg ihn, sodass er von zwei Bergen eingeschlossen war. Als der älteste Sohn nicht zurückkehrte, machte sich der mittlere auf den Weg. Aber ihn ereilte das gleiche Schicksal. Schließlich brach der jüngste Sohn auf. Als der Zwerg nach seinem Weg fragte, stand er Rede und Antwort und siehe da, der Zwerg wusste, wo das Wasser des Lebens zu finden war. „Es quillt aus einem Brunnen im Hofe eines verwunschenen Schlosses, aber du dringst nicht hinein, wenn ich dir nicht diese eiserne Rute gebe und zwei Laiberchen Brot. Mit der Rute schlag dreimal an das eiserne Tor, so wird es aufspringen. Im Hof liegen zwei hungrige Löwen. Wirf jedem ein Brot ins Maul, so werden sie still sein." Der jüngste Sohn tat, wie ihm geheißen, fand das Schloss und eine wunderschöne Prinzessin neben dem Brunnen vor. Sie verliebten sich auf den ersten Blick und beschlossen, wenn der Vater erst wieder zu Kräften gekommen war, zu heiraten. Der Sohn besänftigte die Löwen, schöpfte aus dem Brunnen im Schlosshof einen Becher vom Wasser des Lebens und eilte zurück zum Schloss seines Vaters. Auf seinem Weg traf er wieder auf den Zwerg und bat ihn, seine Brüder frei zu geben, was dieser nach einigem Hin und Her auch tat. Endlich konnten die drei Brüder gemeinsam den Rückweg antreten und dem Vater das lebenswichtige Wasser bringen, aber die beiden älteren Brüder neideten dem jüngeren seinen Erfolg und tauschten das Wunderwasser durch einen Becher mit Salzwasser aus. Im Schloss des Vaters angekommen, eilte der jüngste Sohn sofort zum Vater und ließ ihn voller Hoffnung das Wasser trinken. Aber sein Zustand verschlimmerte sich. Nun gaben der älteste und der mittlere Sohn dem Vater das Wasser des Lebens und dieser war sofort gesund. Daraufhin wurde der Vater ärgerlich und verstieß seinen jüngsten Sohn. Nur dem Zwerg ist zu verdanken, dass der Vater die Wahrheit erfuhr und der jüngste Sohn seine Prinzessin heiraten konnte.

(neu erzählt von Silke Pfeiffer)

Aufgabe:

→ Lies das Märchen vom Wasser des Lebens! Male zum Märchen ein Bild! Wofür könnte das Wasser des Lebens ein Symbol sein?

M8

Wasserreinigung mit Sieb und Filter

Schmutziges Wasser muss gereinigt werden, bevor es wieder weiter verwendet werden kann. Dies geschieht in der Regel in großen Wasseraufbereitungsanlagen. Was dort geschieht, kannst du mit einfachen Mitteln selbst ausprobieren.

Aufgabe:

➔ Nimm zwei Gläser und fülle sie halb voll mit Wasser!
Gib nun Erde, Sand, Laub usw. dazu und rühre mit einem Stock um!

Nun gieße die Flüssigkeit des einen Glases durch ein Sieb in ein anderes Glas!
Anschließend gieße die Flüssigkeit des anderen Glases durch einen Kaffeefilter in ein Glas! Vergleiche die Qualität des Wassers in den beiden Gläsern! Was stellst du fest?
Notiere das Untersuchungsergebnis! Hast du dafür eine Erklärung?

____

____

____

____

____

____

____

M9

Wasserreinigung im Kies-Sandgemisch

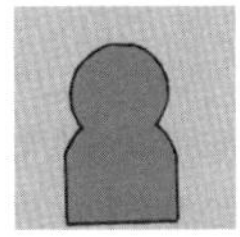

Aufgabe:

→ Besorge dir ein großes Einweckglas! Du musst oben einen Blumentopf reinhängen können. Fülle nun den Blumentopf in folgender Reihenfolge:

kleine Steine – dann Kies – dann Sand – oben wieder Kies

Hänge nun den Blumentopf in das Glas!

Nun bereite dein verschmutztes Wasser zu, indem du in einem Glas Wasser, kleine Steine, Laub und Erde mischst. Gieße das verschmutzte Wasser in dein Wasserreinigungsgerät!

Was stellst du fest? Notiere das Untersuchungsergebnis! Hast du dafür eine Erklärung?

M10

Tiere am Wasser: Die Stockente

Die Stockente ist eine Vogelart. Zu ihrem Namen kam die Stockente, weil sie auf Weiden brütet, die zurück geschnitten wurden und deshalb wie Stöcke aussehen. Sie ist die häufigste und am weitest verbreitete Entenart. In der Natur kann sie 10 bis 15 Jahre alt werden. Nach der Paarung brütet das Weibchen 7 bis 16 Eier aus. Nach 25 bis 28 Tagen schlüpfen die Küken. Sie verlassen nach kurzer Zeit das Nest (Stockenten sind Nestflüchter) und können von Anfang an schwimmen. Nach 8 Wochen können sie auch fliegen.

Das Federkleid des Männchens ist viel prächtiger als das des Weibchens. Es ist grau-braun, der Hinterrand der Flügel ist metallisch blau, der Kopf metallisch grün mit einem weißen Halsring und der Schnabel gelb. Das Weibchen hat eine grau-braune Tarnfarbe. Der Hinterrand ihrer Flügel ist auch metallisch blau, ihr Schnabel ist hellgrau bis braun. Die Deckfedern der Stockente sind eingefettet. In der Schwanzwurzel (Burzeldrüse) wird Fett produziert. Das eingefettete Federkleid schützt die Ente vor Kälte und Nässe.

Aufgabe: Unterstreiche im Text!

→ Woher hat die Stockente ihren Namen?

→ Wie sehen die männliche und die weibliche Stockente aus?

→ Warum ist es wichtig, dass die Deckfedern der Ente eingefettet sind?

M11
Pflanzen am Wasser:
Die gelbe Schwertlilie

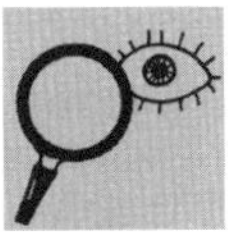

Die gelbe Schwertlilie ist eine Sumpfpflanze aus der Familie der Schwertliliengewächse. Sie wächst am Ufer stehender und fließender Gewässer und bevorzugt einen schweren Lehmboden. Aber auch an Gartenteichen ist sie eine beliebte Zierpflanze. Die gelbe Schwertlilie hat einen dicken Wurzelstock, aus dem heraus 50 bis 100 cm hohe und 3 cm breite schwertförmige Blätter wachsen. Die gelben Blüten haben 3 dunkel geaderte Hängeblätter und 3 aufrecht stehende Dornblätter. Die gelbe Schwertlilie blüht im Mai und Juni.

Aufgabe: Unterstreiche im Text und fertige eine Skizze an!

→ Wo wächst die gelbe Schwertlilie?

→ Wie sieht sie aus?

→ Skizziere eine gelbe Schwertlilie! Recherchiere dazu im Internet oder schlage in Büchern nach, wie die Pflanze genau aussieht!

M12

Redewendungen rund ums Wasser

 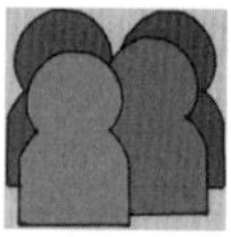 

Aufgabe:
→ Überlegt, was könnte mit folgenden Redewendungen gemeint ein! Erklärt es mit eigenen Worten! Schreibt es unter das Sprichwort!

Wasser ist Leben!

___

Steter Tropfen höhlt den Stein.

___

Es wird überall nur mit Wasser gekocht.

___

Stille Wasser sind tief.

___

Mir läuft das Wasser im Mund zusammen.

___

Nur ein Tropfen auf einen heißen Stein.

___

Wasser hat keine Balken.

___

Bis dahin läuft noch viel Wasser den Berg herab!

___

Er ist mit allen Wassern gewaschen.

___

→ Stellt ein Sprichwort im Bild wort-wörtlich dar!

M13

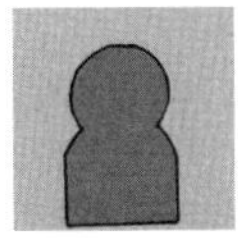

Wasser-Elfchen schreiben

Elfchen sind Gedichte, die aus elf Wörtern bestehen. Zu beachten ist dabei:

1. Zeile = das Wort „Wasser“
2. Zeile = zwei Wörter
3. Zeile = drei Wörter
4. Zeile = vier Wörter, 1. Wort „ich“
5. Zeile = ein Wort, das die vorangegangenen Zeilen zusammenfasst.

Hier zwei Beispiele:

Wasser
geheimnisvoll, klar
Zeit zum Träumen
ich freue mich sehr darauf
Urlaub

Wasser
die Nordsee
Ebbe und Flut
ich spiele am Strand
Sommer

Aufgabe:

➔ Schreibe Wasser-Elfchen!

Vielleicht gefallen dir Reime besser? Versuche es mit einem Paarreim! Dabei reimen sich immer zwei aufeinander folgende Zeilen. Die Anzahl der Strophen bestimmst du. Auch dafür ein Beispiel:

Wasser
spielen am Strand
in einem fernen Land
schwimmen und toben
solch Tag will ich loben

➔ Wenn du möchtest, kannst du einige deiner Verse auch illustrieren, indem du ein Bild dazu malst!

M14 ***(Seite 1 von 3)***

Viel Spaß beim „Fischen“ – Spielvariante 1

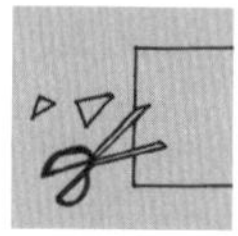

Aufgabe:

→ Bastelt euch aus einem Schuhkarton ein Aquarium, indem ihr einen Teil der Forderfront mit einer Schere entfernt. Bemalt das Aquarium! Ihr könnt außerdem einige Fische basteln und an der Decke befestigen. Gestaltet nun die verschiedenen Kärtchen mit Fischen farbig. Achtung, auf den Kärtchen sind Punktwerte zu sehen. Bitte nicht übermalen! Schneidet die Karten aus!
Befestigt nun an der Rückseite jedes einzelnen Kärtchens ein Magnet mit der Klebepistole. Die Kärtchen müssen kurz trocknen. Nun müsst ihr noch eure Angel präparieren, indem ihr an einem Bleistift mit einem Faden ein Magnet befestigt. Schon ist euer Spiel fertig!
Alle Kärtchen ordentlich mischen und im Aquarium versenken.

Gewonnen hat, wer am Ende die höchste Punktzahl geangelt hat. Also, alle Punktwerte auf euren geangelten Kärtchen addieren. Es beginnt das Kind, das als nächstes Geburtstag hat.

Spielverlauf:

Die Angel wird im Aquarium versenkt, ohne dabei hineinzuschauen. Anschließend wird die Angel wieder herausgezogen. Hängt ein Fang dran (können auch mehrere Fische sein), darf die Beute behalten werden und wird auf einem Haufen abgelegt. Es wird reihum geangelt.

Spielende:

Das Spiel ist zu Ende, wenn entweder alle Fische aus dem Aquarium geangelt worden sind oder jeder Mitspieler genauso oft an der Reihe gewesen ist.

M14 (Seite 2 von 3)

Viel Spaß beim „Fischen“ – Spielvariante 2

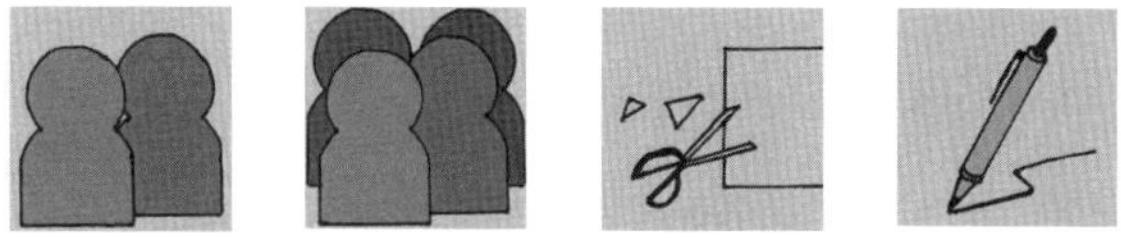

Aufgabe:

➔ Gestaltet die verschiedenen Kärtchen mit Fischen farbig! Achtung, auf den Kärtchen sind Punktwerte zu sehen. Bitte nicht übermalen! Schneidet die Karten aus!
Gewonnen hat, wer am Ende beim Zusammenzählen der Punktwerte die höchste Punktzahl erreicht hat. Am besten ihr spielt das Spiel zu zweit. Je mehr Mitspieler mitspielen, umso schwieriger wird es! Alle Kärtchen werden verdeckt und gut gemischt in die Mitte des Tisches gelegt.

Spielverlauf:

Jeder Mitspieler fischt eine Karte vom Haufen aus der Mitte und legt sie verdeckt vor sich hin.

Auf Kommando „1,2, und 3“ werden die Karten gleichzeitig umgedreht. Nun gibt es verschiedene Möglichkeiten, wie ihr reagieren müsst, um die Karten zu bekommen:

Beachtet dabei 2 Regeln:

1. Gibt es zwei Karten, die komplett gleich aussehen (also gleicher Fisch und gleicher Punktwert), muss schnell zwei Mal auf den Tisch geklopft werden! Diese Regel gilt vor allen anderen! Gerade auch, wenn mehr als zwei Mitspieler das Spiel spielen, dann kann es natürlich auch vorkommen, dass drei gleiche Karten auftauchen, die Regel gilt aber ab mindestens zwei gleichen Karten. Wer zuerst richtig geklopft hat, darf sich seine und die Karten seiner Mitspieler nehmen und neben sich ablegen.
2. Gibt es zwei Karten, die zwar verschiedene Fische, aber den gleichen Punktwert haben, müsst ihr „fischen“ rufen. Wer zuerst richtig gerufen hat, bekommt auch hier die Karten von den anderen Mitspielern dazu.

Achtung! Wer zu schnell klopft oder „fischen“ ruft und im Unrecht ist, muss eine Karte von seinen bereits gesammelten Karten wieder abgeben und zwar die oberste. Karten, die abgegeben werden, wandern wieder verdeckt in die Mitte.

Spielende:

Das Spiel ist zu Ende, wenn entweder alle Fische aus der Mitte genommen worden sind oder nicht mehr genügend für alle Mitspieler vorhanden sind. Oder ihr beschließt einfach aufzuhören. Dann, wie bereits oben erwähnt, müsst ihr alle Punktwerte der einzelnen Karten von eurem Haufen zusammenrechnen.

M14 ***(Seite 3 von 3)***

Viel Spaß beim „Fischen“

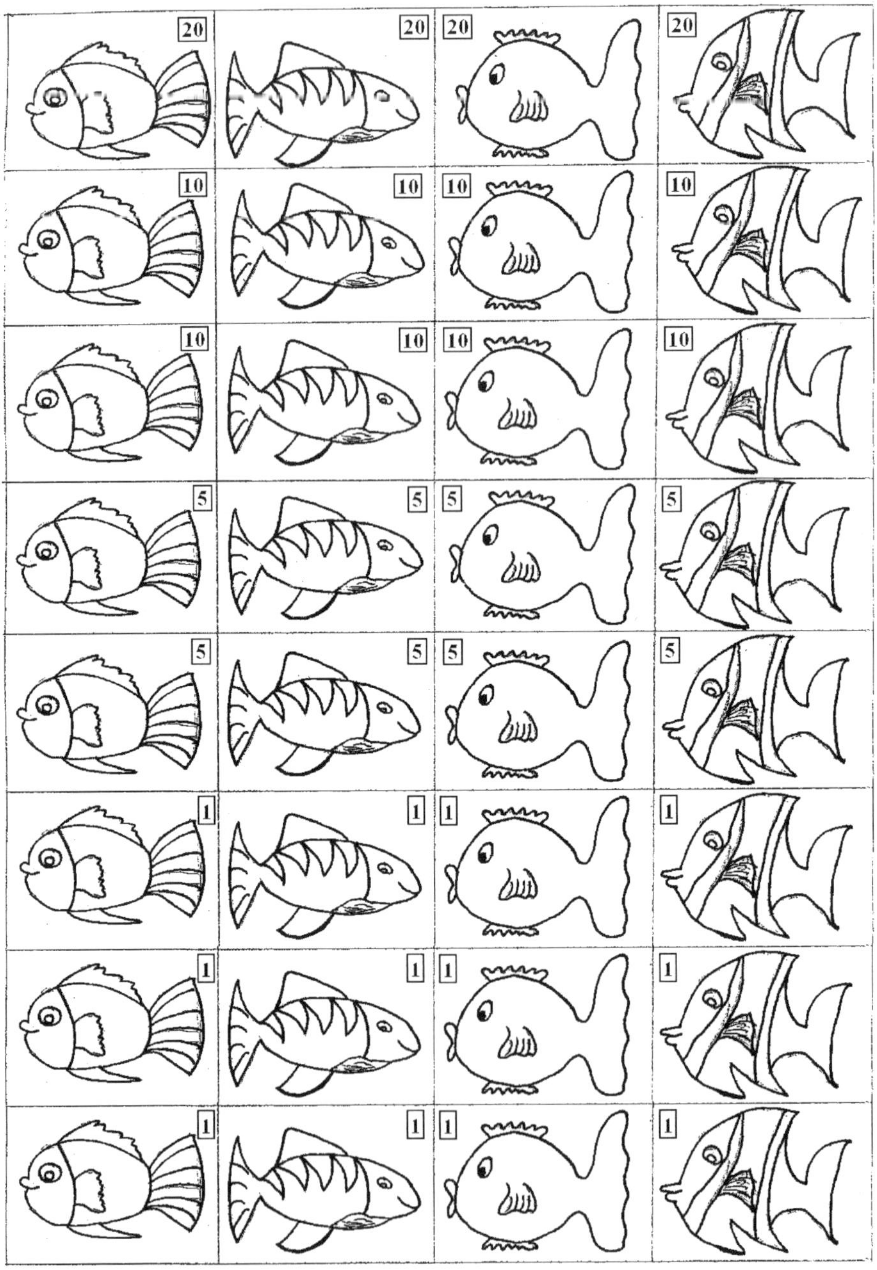

M15 (Seite 1 von 2)

Künstlerisches Gestalten: Im Meer

 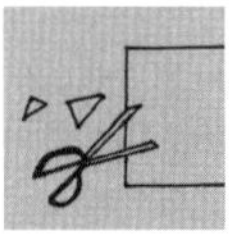 

Aufgabe: ➔ Lest folgenden Sachtext!

Das Meer

Wenn ihr euch den Globus anschaut, könnt ihr große Flächen in Blau erkennen. Die besonders großen Teile davon werden „Meer“ genannt und bilden den größten und tiefsten Lebensraum der Erde.

Ein Meer ist in verschiedene Schichten und Bereiche eingeteilt.

Der Meeresboden und das freie Wasser sind zwei Lebensräume, die mit dem Untergrund besonders verbunden sind. Der Meeresboden ist in Küstenzone und Tiefseeboden getrennt. Die Küstenzone reicht von dem Ufer – also der Küste – bis in die Bereiche, wo noch ausreichend Licht für die Meerespflanzen hingelangt.

Weil das Sonnenlicht nicht bis zum Meeresboden strahlen kann, gibt es verschiedene Zonen in einem Meer. Die erste Schicht wird als durchlichtete Zone beschrieben, weil dort noch am meisten Licht ankommt. In diesem Teil des Meeres leben Flügelschnecken, verschiedene Quallen, Haie, Wale, Delphine, Seehunde und auch Thunfische. Nach etwa 200 Metern nach unten beginnt die Dämmerlichtzone. Hier ist in etwa soviel Licht, wie an einem ganz trüben Gewittertag, bei dem nicht genau zwischen hell und dunkel unterschieden werden kann. Hier sind vor allem Tintenfische und Anglerfische zu beobachten. In ungefähr 1000 Meter Tiefe gelangt überhaupt kein Licht mehr. In dieser lichtlosen Zone leben deshalb auch nur ganz kleine Lebewesen, wie z. B. Seesterne, die Nahrung für andere Meeresbewohner darstellen. Dort unten ist an vielen Stellen eine ganze Menge Tiefseeschlamm.

Ihr müsst euch ein Meer in übereinander gelagerten Schichten vorstellen. Je weiter es nach unten geht, desto dunkler und lichtloser wird es. Ein Meer kann bis zu 6000 Meter tief sein.

➔ Stellt das Meer mit den verschiedenen Schichten mit Farben auf einem Stück Tapetenrolle dar! Ordnet die verschiedenen Lebewesen und Pflanzen der richtigen Schicht zu.

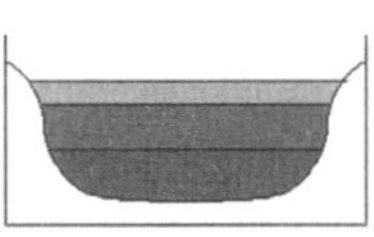

M15 ***(Seite 2 von 2)***

Künstlerisches Gestalten: Im Meer

Lösungszettel vorm Kopieren abtrennen!

Lösungszettel:

oben links: *Hai*
oben rechts: *Qualle*
links, 2. von oben: *Flügelschnecke*
rechts, 2. von oben: *Thunfisch*

Mitte: *Wal*
links, 2. von unten: *Delphin*
unten links: *Seestern*
unten rechts: *Tintenfische*

M16

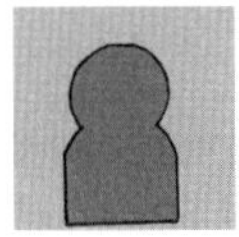

Geheimnisvolle Flaschenpost

Ole und Malte bauen am Strand eine Sandburg. Da sehen sie wenige Meter von ihnen entfernt eine geheimnisvolle Flasche auf dem Wasser schwimmen. „Sieh mal, Malte! Ich glaube, das ist eine Flaschenpost. Wollen wir die uns angeln?" Die Jungs waten durch das kniehohe Wasser und haben wenig später eine mit Kork verschlossene Flasche in der Hand. Im Inneren sehen sie einen zusammengerollten Zettel. „Ob wir die öffnen dürfen?" fragt Malte. „Klar, wir haben sie schließlich gefunden!" Sie ziehen den Korken aus dem Flaschenhals und entrollen die Botschaft.

Aufgabe:

→ Schreibe auf, was die Botschaft der Flaschenpost sein könnte!

M17

Vineta – die versunkene Stadt

Um die versunkene Stadt Vineta ranken sich viele Mythen und Legenden. Die Überreste der Stadt sollen sich noch heute in der Tiefe der Ostsee im Bundesland Mecklenburg-Vorpommern nahe der Insel Usedom befinden. Vom 8. bis 12. Jahrhundert soll Vineta die wichtigste Handelsstadt der Ostsee gewesen sein. Den Sagen und Geschichten nach war Vineta größer und schöner als irgendeine andere Stadt Europas und weltberühmt. Es wird erzählt, dass dort die schönsten Mädchen wohnten, die auf goldenen Spindeln spannen und dass die Glocken der Türme und Kirchen aus Gold und Silber waren. Die Bürger Vinetas waren so reich, dass sie wie im Schlaraffenland lebten und sich jeden Wunsch erfüllen konnten. Sie errichteten sich prachtvolle Häuser und legten riesige Gärten an, in denen sie Pflanzen aus fremden Ländern züchteten. Sie ließen in der Nacht die Stadt erstrahlen und feierten auf den prunkvollen Plätzen große Feste. Noch heute, so heißt es, kann man abends bei Windstille das silberhelle Läuten der Glocken und Zimbeln hören und in den Tiefen des Meeres die funkelnde Pracht der Giebel und Kirchtürme der versunkenen Stadt sehen.

Aber wie konnte Vineta so plötzlich untergehen? Eine sichere Antwort auf diese Frage haben wir heute noch nicht, aber es wird vermutet, dass die nach Pommern drängenden Dänen schützende Dämme der Stadt fluteten und damit den Sturmfluten der Ostsee ungehindert Zugang verschafften. Sehr seltsam ist, dass diese weltberühmte Stadt nach ihrem Untergang in der Geschichtsschreibung keine Erwähnung findet. So, als hätte es sie nie gegeben.

Aufgabe:

➔ Zeichne Vineta!

➔ Wie stellst du dir das Leben eines Kindes in deinem Alter in Vineta vor? Schreibe einen Brief, indem du einem Freund darüber berichtest!

M18

Wir bauen ein Floß

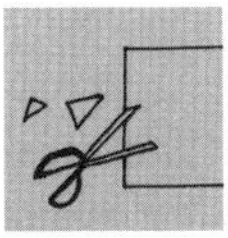

Aufgabe:

➔ Suche dir eine Partnerin oder einen Partner, um mit ihr oder ihm zusammen ein Floß zu bauen. Besorgt euch folgendes Material: Zweige, Tannenzapfen oder Korken, abgefallene Blätter, Bast und eine Schere.

➔ So wird das Floß gebaut (natürlich könnt ihr eure eigenen Ideen auch mit einbringen):

1. Sucht zwei möglichst gleich lange Zweige und bindet jeweils einen Tannenzapfen oder Korken mit Bast an ihre Enden.
2. Legt die beiden Zweige parallel zu einander hin und legt einen etwa halb so langen Zweig mit einem Ende auf die Mitte des einen Zweiges und mit dem anderen Ende auf die Mitte des zweiten Zweiges. Verknotet die drei Zweige fest mit dem Bast.
3. Haltet einen weiteren Zweig quer unter die ersten beiden Zweige, sodass dieser unter dem letzten Zweig hängt und befestigt diesen ebenfalls mit Bast.
4. Jetzt fehlt noch der Mast des Floßes: verknotet einen dünnen Zweig so mit den beiden letzten Zweigen, dass er pfeilgrade in die Höhe ragt.
5. Zum Abschluss das Segel: Steckt entweder ein großes Blatt als Mast auf den aufrechten Zweig oder befestigt noch einen dünnen Zweig quer zum Mast und steckt mehrere Blätter zwischen Mast und den neuen Zweig.

… gute Fahrt

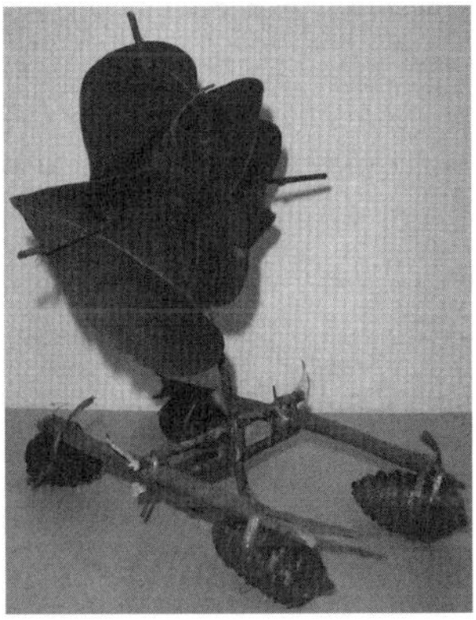

M19

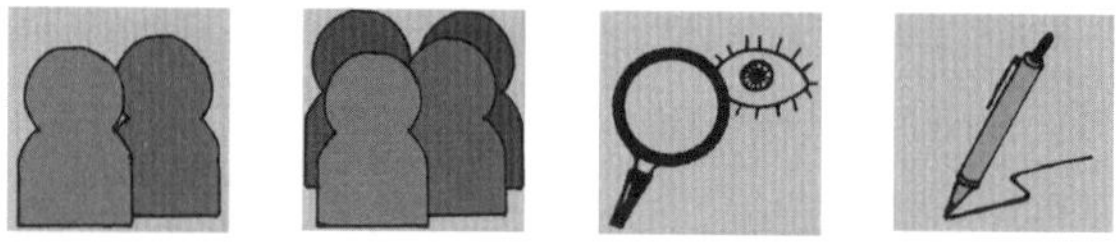

Piraten – Die Herren der Meere

Piraten trieben zu allen Zeiten auf den Meeren ihr Unwesen. Piraten sind Räuber, die von einem Schiff oder Boot aus ihr Opfer ausplündern. Manche Piraten arbeiteten auch im Auftrag eines Königs oder der küstennahen Bevölkerung. Sie besaßen ganz offiziell ausgestellte Kaperbriefe, die es ihnen erlaubten, feindliche Schiffe zu überfallen und auszurauben. Einer der gefürchteten Piraten in der Nord- und Ostsee war Klaus Störtebecker. Er lebte vor ungefähr 600 Jahren. Störtebecker und seine Mannen wurden zunächst von den Menschen der schwedischen Stadt Stockholm gefeiert, weil sie von feindlichen Schiffen Lebensmittel raubten und sie in die belagerte Stadt brachten. Piraten, die im Auftrag anderer arbeiteten, wurden als Freibeuter bezeichnet. Aber Klaus Störtebecker blieb nicht lange Freibeuter, sondern raubte bald auf eigene Rechnung. Nachdem er dabei gefangen genommen worden war, wurde ihm in Hamburg der Prozess gemacht. Er wurde zum Tode durch Enthauptung verurteilt, handelte aber noch aus, dass diejenigen seiner Männer, an denen er bereits enthauptet vorbeigehen würde, freigelassen werden. Angeblich lief er kopflos noch an 11 Männern vorbei. Da wurde es dem Henker zu bunt und er stellte ihm ein Bein. Klaus Störtebecker starb am 21. Oktober 1401.

Der „Jolly Roger" ist die schwarze Flagge (meist mit einem Totenkopf) von Piratenschiffen. Sie wurde erstmals 1700 am Mast eines Piratenschiffes gesichtet.

Auch heute gibt es noch Piraterie, vor allem in Teilen von Südasien und Südamerika. In den meisten Fällen sind die Piraten aber nicht mehr an der Ladung des Schiffes interessiert, sondern an Bargeld und Schmuck der Passagiere.

Aufgabe:

➔ Recherchiert im Internet über weitere Freibeuter und Piraten und fertigt mit euren Ergebnissen ein Poster an!

➔ Stellt euch eure Ergebnisse gegenseitig vor!

M20

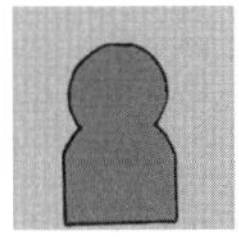

Ich will mehr wissen!

Aufgabe:

→ Auf den Wissenskärtchen erhältst du weitere Informationen zum Thema „Wasser“.
Lies dir für dich interessante Texte durch und notiere dir das Wichtigste in Stichpunkten.

Wie entsteht ein Regenbogen?

Ein Regenbogen ist ein wunderschönes Naturschauspiel. Er entsteht, wenn die hinter einem Betrachter stehende Sonne in einen Regenschauer scheint. Die Regentropfen brechen und reflektieren das Sonnenlicht und erzeugen so das farbige Spektrum des Regenbogens. Er leuchtet in den so genannten Spektralfarben: An der Außenseite ist er rot. Darauf folgt Orange, Gelb, Grün, Blau, Violett in fließenden Übergängen. Brechung des Lichts bedeutet, dass das weiße Sonnenlicht in seine farblichen Bestandteile zerlegt wird.

Wie entsteht Hagel?

In großen Höhen ist es viel kälter als auf der Erde. So kann es am Erdboden 30 Grad Celsius heiß sein und in hunderten Metern Höhe 20 Grad Minus. Die warme oder heiße Luft steigt in Form von Wasserdampf nach oben. Die Wolken saugen die heiße Luft auf. Die winzigen Wassertröpfchen gefrieren zu kleinen Eiskügelchen, sacken wieder etwas ab, setzen erneut Wasser an und steigen wieder nach oben. Dieser Vorgang wiederholt sich mehrmals. Wenn die Eiskugeln zu schwer geworden sind, um erneut aufsteigen zu können, fallen sie als Hagelkorn auf die Erde. Da das Hageln plötzlich eintreten kann und Hagelkörner so groß wie Tennisbälle werden können, ist der Schaden durch Hagel manchmal beträchtlich. So kann es passieren, dass Menschen durch Hagelkörner verletzt und Autos stark beschädigt werden.

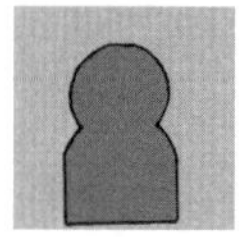

Was macht ein Meteorologe?

Ein Meteorologe beobachtet das Wetter und leitet von seinen Beobachtungen Wettervorhersagen ab. Früher haben Meteorologen verschiedene Messinstrumente, wie z. B. Niederschlagsmesser, Thermometer, Windrichtungs- und Luftdruckmesser, mehrmals täglich und nacheinander abgelesen. Heute sind viele dieser Instrumente miteinander verbunden, mit Computern ausgestattet und liefern den Meteorologen wichtige Daten, die sie auswerten und in Wetterkarten und andere Vorhersageinstrumente übertragen können. Eine andere Informationsquelle sind Wettersatelliten, die in 500–900 km Höhe Aufnahmen von der Erde und den Wettererscheinungen machen. Satelliten sind künstliche Raumflugkörper, die mit Hilfe einer Trägerrakete ins All gebracht werden. An Bord befinden sich hochempfindliche Kameras und eine Reihe von Messinstrumenten, die die Niederschläge, Winde und Wolken beobachten, abbilden und messen. Auch diese Angaben ziehen Meteorologen für ihre Wettervorhersagen heran. Über die ganze Erde verteilt sind zahlreiche Wetterstationen verteilt, die die Messergebnisse sammeln und untereinander austauschen.

Wie entstehen Ebbe und Flut?

Unter „Ebbe“ wird das Fallen und unter „Flut“ das Steigen des Wassers, z. B. an der Nordsee, verstanden. Für diese Naturerscheinungen sind die Anziehungskraft des Mondes und die Fliehkraft der Erde verantwortlich. Es gibt zwei Flutberge auf der Erde, der eine ist dem Mond zu-, der andere abgewandt. Auf der mondnahen Seite der Erde ist die Anziehungskraft des Mondes stärker als die Fliehkraft der Erde. Dadurch wird das Meerwasser zum Mond hingezogen und es entsteht eine Flut. Auf der dem Mond abgekehrten Seite ist die Fliehkraft der Erde größer, deshalb entsteht hier ein zweiter Wasserberg, eine zweite Flut. Aus den dazwischen liegenden Gebieten fließt das Wasser fort. Dort herrscht Ebbe.

Die Erde dreht sich innerhalb von 24 Stunden unter den beiden Flutbergen hinweg und wir erleben deshalb zweimal Ebbe und Flut.

3.6 Literatur und Internetadressen

Für Lehrerinnen und Lehrer

Kneip, W. & Stascheit, W. (1990): Wasser erleben und erfahren – Das Element Wasser in der Grundschule. Mülheim

Veit, B. & Wolfrum, C. (1992): Das Buch vom Wasser. Ravensburg

Marcinek, J. & Rosenkranz, E. (1996): Das Wasser der Erde. Eine geographische Meeres- und Gewässerkunde. Gotha

Für Schülerinnen und Schüler

Dietz, D. & Müller, T. (2005): Was weißt du übers Wasser? Mannheim

Crummenerl, R. & Ohnesorge, G. (1996): Was ist was? Bd. 48: Luft und Wasser. Nürnberg

Ebert, D. W. (1999): Willi der Wassertropfen - die Reise durch den Wasserkreislauf: Lieder-Lesebuch. Unterjettingen

Janosch (1994): Wenn der Hase baden geht. Weinheim

Martin, L. (1991): Mein erstes Buch vom Wasser. Reihe: Die Welt entdecken. Ravensburg

Empfehlenswerte Internetadressen

Experimente ums und mit Wasser vom Server „www.kidsweb.de"

http://www.bayern.de/wwa-ke/kinderseiten/index.htm
(Die Reise eines Wassertropfens, animierte Zeichnungen und klare Texte)

http://www.wasser-lexikon.de
(Alles rund ums Thema Wasser)

http://www.experimentier.com/wasser.htmltop
(Stationenlernen zum Thema Wasser)

http://www.lesa21.de/lernen/w/wasser/infos/www.seilnacht.com/versuche/wasser.htm
(Wissenswertes und Experiment zum Thema Wasser)

4. Bäume

4.1 Was man wissen sollte

Die Bedeutung der Bäume

Bäume sind wie Sträucher und Blumen Pflanzen. Sie können sehr alt werden, manche Arten mehrere hundert Jahre. Die ältesten Bäume sind die 4700 Jahre alten Grannenkiefern in den White Mountains in Kalifornien. Ohne Bäume wäre ein Leben auf der Erde nicht möglich. Der Baum wird auch als **chemische Fabrik** bezeichnet. Er nimmt Kohlendioxid aus der Luft auf und gibt Sauerstoff an sie ab. Außerdem produzieren die Blätter bei Tageslicht ununterbrochen Zucker, der in die verschiedenen Teile des Baumes weitergeleitet wird. Durch die Blätter des Baumes verdunstet Wasser, was für das Gleichgewicht des Klimas auf der Erde wichtig ist.

Morphologie der Bäume

Bäume haben grundsätzlich eine unterschiedliche **Morphologie** (einen unterschiedlichen inneren Aufbau), was sich z. B. in der Gestalt der Baumwurzel, des Baumstammes und der Baumkrone zeigt.

Das Wurzelwerk der Bäume ist tief im Boden verankert und schützt sie vor Abtragung durch Wind und Wasser. Manche Bäume, wie z. B. die Eiche, behalten die **Baumwurzel**, die sich am Keimpflänzchen entwickelt hat, ihr Leben lang. Die Hauptwurzel wächst dann als gerade und starke Pfahlwurzel tief in den Boden hinab. Bei anderen Bäumen, z. B. bei der Linde und der Pappel, bleibt die Pfahlwurzel zurück und aus dem Wurzelstock entwickeln sich mehrere Seitenwurzeln, die entweder in die Tiefe oder seitlich in die Erde wachsen. An den tragenden Wurzeln befinden sich viele kleinere Wurzeln, die das Wasser aus dem Boden aufsaugen.

Frei stehende Bäume haben meist dickere **Stämme**, weil ihre **Kronen** ausladender sind und mehr Laub tragen. Eine feste Rindenschicht umgibt den Stamm.

Die Gestalt der **Blätter** (Laub) ist ein wichtiges Bestimmungsmerkmal von Bäumen. Bäume können unterschiedlich geformte Laubblätter oder Nadelblätter tragen. Darüber hinaus sind für viele Bäume, z. B. die Kastanie, bestimmte **Blüten** charakteristisch.

Etwa 29% der Landfläche der Erde besteht aus Wäldern, für die ein mehr oder weniger dichter Baumbestand auf großer Fläche charakteristisch ist.

Einteilung der Bäume

Es werden drei Gruppen von Bäumen unterschieden: **Nadelbäume, Laubbäume und Palmen.**

Nadelbäume werden auch Koniferen (lat. Zapfenträger) genannt. Sie sind immergrün, d. h. sie verlieren ihre Nadeln erst nach Jahren und nie alle zugleich. Nur wenige Nadelbäume, z. B. die Lärche, verlieren ihre Nadeln jeden Herbst. Die Samen der Nadelbäume werden von den Zapfen geschützt. Wenn es warm wird, öffnen sich die Zapfen und die Samen werden vom Wind verbreitet. Nadelbäume kann man gut danach unterscheiden, welche Form ihre Nadeln haben und wie diese am Zweig sitzen. Auch die Formen ihrer Zapfen sind sehr unterschiedlich. Bei der Eibe oder dem Wacholder sehen die Zapfen z. B. wie Beeren aus. Bei den Nadelbäumen gibt es keine Früchte. Nadelbäume haben meist erst ab 20 Meter Höhe Äste. Sie benötigen sehr viel weniger Wasser als Laubbäume und sind deshalb vor allem in trockenen Gebieten zu finden. Typische Nadelbäume sind: die Kiefer, die Tanne, die Lärche und die Fichte.

Laubbäume besitzen breite, meist dünne Blätter mit deutlich zu erkennenden Blattadern und werfen im Herbst ihr Laub ab. Sie verbrauchen mit ihren Blättern sehr viel mehr Wasser als Nadelbäume und sind daher in feuchteren und wärmeren Gebieten zu Hause. Form und Wuchs der Blätter von Laubbäumen sind sehr unterschiedlich. Alle Laubbäume blühen. Bei den meisten Laubbäumen wachsen männliche und weibliche Blüten auf derselben Pflanze, aber z. B. bei der Weide wachsen sie auf verschiedenen Bäumen. Damit sich der Samen bilden kann, muss der Blütenstaub (Pollen) der männlichen Blüten auf die weiblichen übertragen werden. Wenn ein wenig Pollen, durch den Wind verbreitet, an einer weiblichen Blüte hängen bleibt, entwickelt sich daraus allmählich eine Frucht. Die Frucht enthält einen oder mehrere Samen. Es gibt auch Bäume die zweigeschlechtliche Blüten haben, wie z. B. die Vogelbeere. In der Mitte der Blüte sitzt der weibliche Teil, der Stempel, und darum herum befinden sich die männlichen Teile, die Staubgefäße mit ihren Pollen. In der Regel helfen Insekten bei der Bestäubung. Sie kommen zur Blüte, um Pollen und Nektar (Zuckerwasser) zu fressen. Dabei bleiben Pollenkörner am Körper haften, der dann auf der nächsten Blüte, die das Insekt anfliegt, am Pollen hängen bleiben. Damit ist die Blüte befruchtet, die Blüten wachsen und werden zu Früchten, in denen ein Samen liegt. Wenn die Samenfrucht einen Platz zum Keimen findet, wächst ein neuer Baum. Charakteristische Laubbäume sind: die Weide, die Pappel, die Birke, die Buche, die Eiche, die Ulme, der Ahorn, die Kastanie und die Linde.

Zur dritten Baumart zählen die **Palmen**. Es gibt ca. 3000 Arten auf der Erde. Palmen brauchen viel Wärme. Deshalb wachsen die meisten Palmen in den Tropen und Subtropen. Für sie charakteristisch ist, dass ihr Stamm nicht dicker, sondern nur höher wird und statt von einer Rinde von kräftigen Fasern geschützt wird. Die Blätter der Palmen sind fächerförmig oder federförmig. Bei vielen Arten hat nur das Ende des Stammes Palmwedel. Wie Nadel- und Laubbäume tragen auch Palmen Früchte, z. B. Datteln oder Kokosnüsse.

Bäume als Symbole

In der **Kultur, Mythologie und Religion** der Völker spielt der Baum eine große Rolle. So wurde bzw. wird der Baum bei den Ägyptern auch als Lebensbaum, in China als Baum der Unsterblichkeit und im Buddhismus als Symbol des Erwachens verehrt. Im Alten und Neuen Testament werden Bäume immer wieder erwähnt. Sie stehen im Mittelpunkt von Mythen und Märchen und sind beliebte Objekte in der Malerei.

4.2 Lernziele

Die Schülerinnen und Schüler setzen sich mit der Vielfalt von Bäumen auseinander und werden angeregt, über ihre Schönheit und ihre Bedeutung für das Leben auf der Erde nachzudenken. Dabei wird der Baum sowohl aus biologischer als auch aus kreativ-künstlerischer Perspektive betrachtet. Im Einzelnen geht es darum,

- verschiedene einheimische Laub- und Nadelbäumen zu bestimmen,
- die äußere Gestalt von Bäumen zu beschreiben,
- verschiedene Wuchs- Blatt und Rindenformen zu unterscheiden,
- Blätter, Blüten und Früchte zuzuordnen,
- die Höhe eines Baumes mit einfachen Hilfsmitteln zu messen,
- die Bedeutung des Waldes als Ökosystem für Menschen und Tier zu erkennen,
- vielfältige Möglichkeiten der kreativen Auseinandersetzung zu nutzen,
- zu einem sorgsamen Umgang mit Bäumen als Teil der Natur zu sensibilisieren.

4.3 Einführung des Themas

Für die Einführung in das Thema bietet sich ein gemeinsamer Waldspaziergang an (Variante A). Ist eine unmittelbare Begegnung mit dem Lerngegenstand nicht möglich, stellt eine Gedankenreise (Variante B) eine sinnvolle Alternative dar, um die Erfahrungen und das Vorwissen der Kinder zu aktivieren.

Variante A

Der Unterrichtsgang in den Wald als einem nicht vorstrukturierten Lernort bedarf einiger Vorbereitungen. Zunächst sollten gemeinsam mit den Schülerinnen und Schülern Regeln für das Verhalten im Wald erarbeitet werden. Folgende Regeln haben sich als sinnvoll erwiesen:

Regeln für das Verhalten im Wald

1. *Denkt daran, dass der Wald der Lebensraum vieler Pflanzen und Tiere ist.*
   Macht daher keinen Lärm, sondern bewegt euch ruhig und besonnen im Wald.
2. *Früchte und Holz dürft ihr sammeln, Kräuter und Blumen pflücken, wenn ihr wisst, dass sie nicht unter Naturschutz stehen.*
3. *Brecht keine Äste und Zweige von den Büschen und Bäumen ab!*
4. *Vermeidet es, auf junge Pflanzentriebe zu treten!*
5. *Achtet darauf, dass die Rinde der Bäume nicht beschädigt wird!*
   Der Stamm des Baumes ist an beschädigten Stellen ungeschützt und kleine Tiere können daran nagen.
6. *Hinterlasst keinen Müll im Wald!*

Außerdem ist es sinnvoll im Vorfeld, Wahrnehmungs- und Beobachtungsaufgaben festzulegen, deren Auswertung den Abschluss des Unterrichtsganges bilden.

Wahrnehmung- und Beobachtungsaufgaben: Im Wald

Wie riecht es im Wald?

____

____

Welche Geräusche könnt ihr wahrnehmen?

____

____

Welche Farben gibt es vor allem im Wald?

____

____

Handelt es sich in erster Linie um einen Laub- oder Nadelwald?

____

____

Sucht auf dem Boden unter den Bäumen nach Spuren von Tieren! Was befindet sich noch auf dem Boden?

____

____

Betrachtet die Rinde eines Baumstammes und fertigt eine Skizze an!

Schaut in die Baumkronen der Bäume! Welche Tiere beobachtet ihr?

____

____

Variante B

Phantasiereise in den Wald

Bringt euch in eine ganz entspannte Sitzposition, schließt eure Augen und atmet ruhig ein und aus.

Stellt euch vor, wir befinden uns am Rande eines großen Laubwaldes. Es ist warm, die Vögel zwitschern, die Grillen zirpen und irgendwo knackt es ganz leise. Langsam gehen wir in den Wald. Das Sonnenlicht fällt durch die Baumkronen auf uns. Wir holen ganz tief Luft und nehmen den Duft von Pilzen und Waldfrüchten auf. Der Wind streichelt sanft unsere Haut, alles ist so friedlich.

Wir betrachten aufmerksam die Umgebung. Was hier alles zu entdecken ist! In Astlöchern nisten große und kleine Vögel, an den Bäumen wachsen Pilze und Moos. Wir sehen knorpelige Baumstämme und solche, die eine ganz glatte Rinde haben. An uns huscht ein kleines Tier vorbei, vielleicht ein Kaninchen oder eine Waldmaus.

Wir kommen auf eine Lichtung und setzen uns auf das weiche Gras. Es riecht so frisch. Wir fahren mit der Handfläche über den grünen Teppich, das kitzelt ein bisschen. Um uns herum stehen Bäume, deren mächtige Baumkronen miteinander zu sprechen scheinen. Der Wind bewegt ihre Äste und Blätter. Wie majestätisch das aussieht!

Wir strecken uns aus und schauen in den blauen Himmel. Wir schließen die Augen und nehmen den Wald mit allen unseren Sinnen wahr: das Rascheln der Baumwipfel, das Zwitschern der Vögel, der frische Duft von Gras und Blättern, das Knacken der Zweige und die wohlige Wärme der Sonne auf unserer Haut. Wir atmen ganz tief ein, und es wird ganz still in uns.

Ganz langsam öffnen wir unsere Augen und kommen zurück in unseren Klassenraum. Wir schütteln die Arme und Beine etwas aus und lassen die Bilder der Phantasiereise in uns etwas nachklingen.

Aufgabe:

→ 1. *Zeichnet allein oder in Partnerarbeit ein Bild von dem Wald der Phantasiereise!*

2. *Stellt euch eure Zeichnungen gegenseitig vor!*

4.4 Aufbau der Stationen – Übersicht

Pflichtaufgaben	***Wahlpflichtaufgaben*** *(eine Aufgabe von zweien muss gewählt werden)*	***Wahlaufgaben*** *(freiwillige Zusatzaufgaben)*
Station 1 *Aufbau und Gestalt des Baumes* **(M1)**	Station 6 *Tiere im und am Baum* **(M6)** Station 7 *Pflanzen am Baum* **(M7)**	Station 16 *Baumhäuser* **(M16)**
Station 2 *Bäume miteinander verglei-chen* **(M2)**	Station 8 *Wie errechnet man das Alter eines Baumes?* **(M8)** Station 9 *Wie misst man einen Baum?* **(M9)**	Station 17 *Baumgeschichten schreiben* **(M17)**
Station 3 *Baumquiz* **(M3)**	Station 10 *Der kosmische Baum: Die Esche Yggdrasil* **(M10)** Station 11 *Der Baum im Märchen* **(M11)**	Station 18 *Rinden-Kunst* **(M18)**
Station 4 *Noch mehr Bäume* **(M4)**	Station 12 *Sprüche und Redensarten über Bäume* **(M12)** Station 13 *Mein Baum-Gedicht* **(M13)**	Station 19 *Die Entstehung des Waldes* **(M19)**
Station 5 *Das Leben einer Eiche* **(M5)**	Station 14 *Holz – ein wichtiger Roh-stoff* **(M14)** Station 15 *Für den Schutz des Waldes etwas tun* **(M15)**	Station 20 *Ich will mehr wissen!* **(M20)**

4.5 Materialien

M1

Aufbau und Gestalt des Baumes

Aufgabe:

→ 1. Wie wirkt dieser Kastanienbaum auf euch? Erinnert er euch an etwas? Tauscht euch darüber aus!

2. Beschriftet an dieser Abbildung Baumstamm, Baumkrone und skizziert, wie ihr euch die Baumwurzel vorstellt!

3. Beschreibt, wie der Baum gewachsen ist! Für Baumbeschreibungen könnt ihr die Hilfeblätter zu M1 und M2 nutzen.

Hilfe-Blatt zu M1

Die folgenden Formulierungen können euch bei der Beschreibung von Bäumen behilflich sein!

- wenige Blätter
- dünner Stamm
- knorrige Äste
- Nadeln
- langer Stamm
- *nach oben strebende Krone*
- *ungleichmäßig gewachsene Krone*
- Laubblätter
- viele Blätter
- *nach Rechts geneigte Krone*
- gerader Stamm
- *weit ausladende Krone*
- dicker Stamm
- *gleichmäßig gewachsene Krone*
- *nach Links geneigte Krone*
- kurzer Stamm
- glatte Äste

 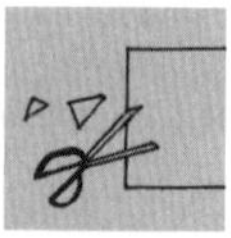 

M2 (Seite 1 von 3)

Bäume miteinander vergleichen – Die Gestalt

Kiefer

Linde

Buche

Ahorn

Aufgabe:

➔ Fertigt mit den Arbeitsblättern zu M2 vier Baumposter an!

1. Schneidet die Bäume aus und klebt sie jeweils auf ein großes weißes Blatt!
2. Schreibt zu jedem Baum einen kleinen Text, indem ihr die Gestalt des Baumes beschreibt. Stellt dabei auch Vergleiche zu den anderen Bäumen her.

So könnt ihr z. B. beginnen:

Die Buche
Die Buche ist ein Laubbaum. Sie hat einen längeren Stamm als der Ahorn. Ihre Krone ist nach oben strebend.

M2 (Seite 2 von 3)

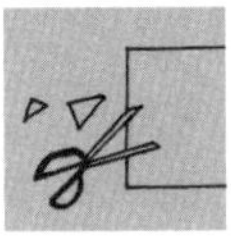

Bäume miteinander vergleichen – die Blätter

Aufgabe:

→ Schneidet die Fotos aus und klebt sie auf die Bäumeposter! Beschreibt die Form der Blätter in einem kurzen Text. Dafür könnt ihr die Formulierungen auf dem Hilfeblatt 1 zu M2 nutzen.

Hilfeblatt 1 zu M2

Die folgenden Formulierungen und Abbildungen können euch bei der Beschreibung der Blattformen behilflich sein!

dreieckig 

eiförmig-oval 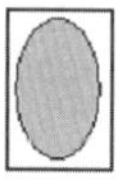

eiförmig-rund 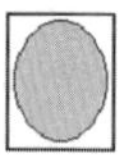

glatter Blattrand 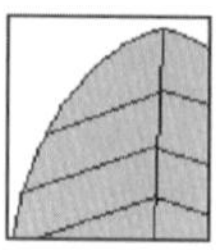

fein gezackter Blattrand

grob gezackter Blattrand 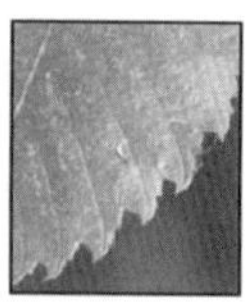

fächerförmig

nadelförmig

gefingert

herzförmig

… cm lange Nadeln

büschelweise angeordnete Nadeln 

Nadeln – einzeln am Ast 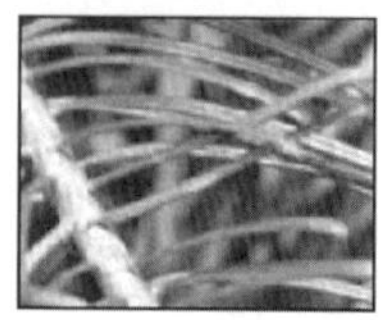

M2 *(Seite 3 von 3)*

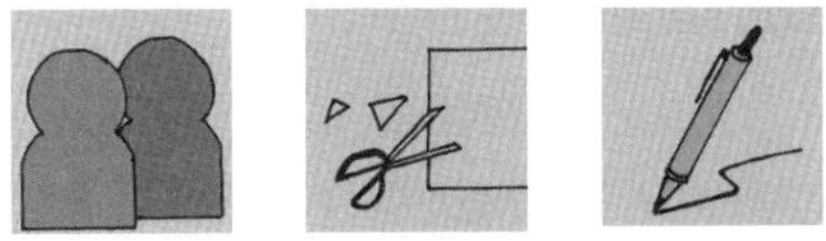

Bäume miteinander vergleichen – Die Rinde

Kiefer

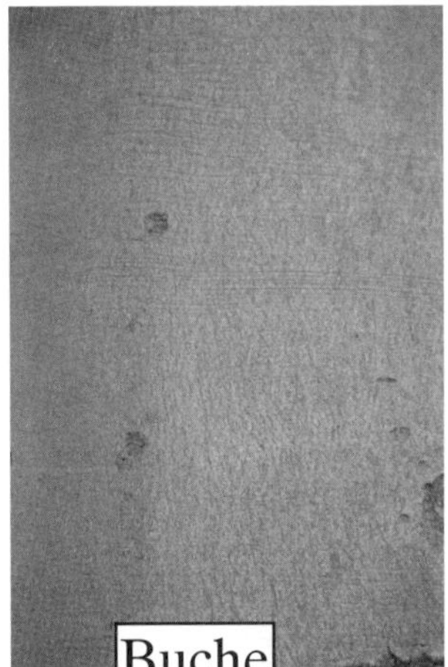

Buche

Ahorn

Linde

Aufgabe:

➔ Schneidet die Fotos aus und komplettiert eure Bäumeposter! Beschreibt die Oberfläche der Rinde mit einem oder zwei Sätzen. Dafür könnt ihr die Formulierungen auf dem Hilfeblatt 2 zu M2 nutzen.

Hilfeblatt 2 zu M2

Die folgenden Formulierungen und Abbildungen können euch bei der Beschreibung der Rinde behilflich sein!

dicke Rinde

tiefe Risse

glatte Rinde

kleine Schuppen

große Narben

grobe Rinde

tiefe Furchen

Augen

kleine Narben

dünne Rinde

große Schuppen

kleine Rillen

M3

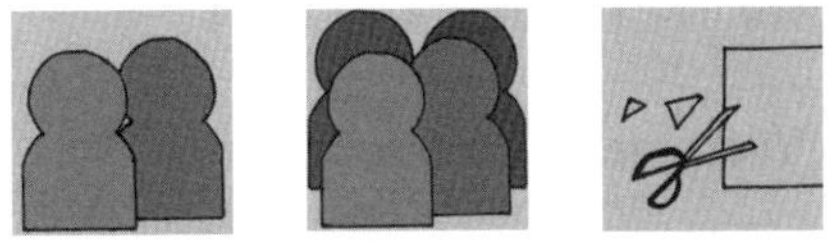

Baumquiz

Aufgabe:

→ Schneidet die Karten aus und legt sie mit dem Foto nach untern auf den Tisch. Versucht nun die drei zusammen gehörigen Karten (Gesamtansicht, Blätter, Rinde) aufzudecken. Überlegt dabei, um welchen Baum es sich handelt! Kontrolliert mit dem Lösungszettel!

Lösungszettel vorm Kopieren abtrennen!

Lösungszettel:

1. Ahorn 2. Kastanie 3. Buche 4. Kiefer 5. Linde

M4 ***(Seite 1 von 2)***

Noch mehr Bäume

Aufgabe:

→ Schneidet die Baum und Namenkarten aus! Mischt sie, dreht sie um und versucht sie wieder richtig zuzuordnen.

M4 (Seite 2 von 2)

Noch mehr Bäume

Linde	Ahorn
Kiefer	Mammutbaum
Buche	Küstentanne
Kastanie	Platane

Lösungszettel vorm Kopieren abtrennen!

Lösungszettel:

1. Linde 2. Kiefer 3. Buche 4. Kastanie
5. Ahorn 6. Mammutbaum 7. Küstentanne 8. Platane

M5

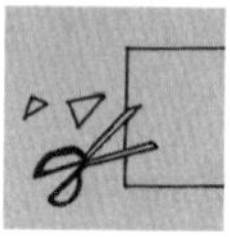

Das Leben einer Eiche

Die Früchte der Eiche heißen Eicheln. In ihrem Inneren befindet sich ein Samen. Im Herbst fallen die Eicheln zu Boden.

Wenn sie nicht aufgesammelt werden, bleiben sie dort liegen und beginnen im Frühling zu keimen. Der Samen saugt Wasser auf, schwillt an und die Hülle öffnet sich. Eine kleine Wurzel erscheint, die in das Erdreich wächst.

Die Wurzeln nehmen mit ihren feinen Härchen aus dem Boden Wasser und Mineralien auf. Sie wachsen ständig, nur bei Frost nicht.

Es entwickelt sich ein Stiel.

Schließlich bilden sich die ersten Blätter heraus. Durch den Stiel werden die Nährstoffe von der Wurzel in die Blätter transportiert.

Der kleine Baum wächst weiter, Zweige entwickeln sich, aus dem Stiel wird ein Stamm aus Holz mit einer Rinde.

Jedes Jahr verliert der Baum seine Blätter und bekommt neue Knospen, aus denen sich neue Zweige herausbilden.

Wenn der Baum ungefähr 50 Jahre alt ist, beginnt er zu blühen. Der Wind trägt die Pollen zu den Blüten und bestäubt sie. So entstehen die Früchte, die Eicheln, die im Herbst zu Boden fallen.

Aufgabe:

→ 1. *Lest euch den Text mehrmals durch!*

2. *Schneidet die einzelnen Zettel aus und legt den Lebenskreis der Eiche*

3. *Klebt ihn auf ein weißes Blatt!*

4. *Zeichnet in die Mitte eine Eiche!*

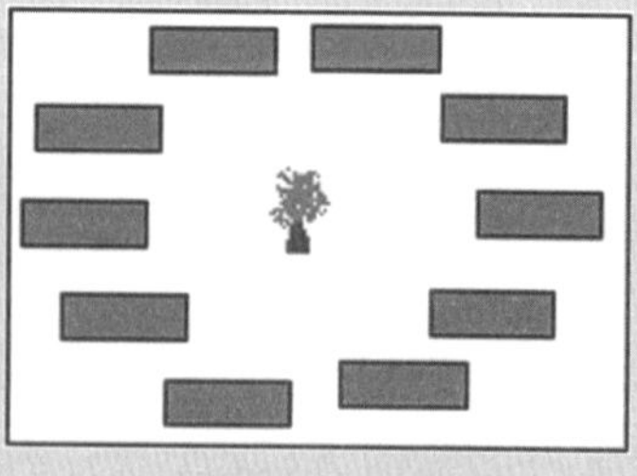

M6

Tiere im und am Baum

Die Wurzel und der Stamm eines Baumes ist Lebensraum vieler Tiere. Asseln z. B. leben unter Wurzeln, in abgestorbenem Laub und manchmal auch unter lockeren Rindenstückchen.

Der Schwarzkäfer und die Große Schwarze Wegschnecke leben meistens unter feuchtem Laub. Die Waldmaus baut ihr Nest zwischen Wurzeln oder unter umgestürzten Bäumen. Manche Käfer wandern den Stamm entlang, um in den Rissen und unter der Rinde, Raupen zu erbeuten. Manche Schmetterlinge legen ihre Eier auf Zweigen oder Blättern ab. Die Raupen ernähren sich von Blattläusen. Das Holzwespenweibchen sticht mit seinem Stachel ungefähr einen Zentimeter tief in das Holz und legt dort seine Eier ab. Die Larven leben im Stamm und fressen sich Gänge durch das Holz. Aber auch Vögel suchen den Stamm nach Insekten, Eiern und Larven ab.

Viele Vögel, z. B. Eulen und Spechte, bauen sich in den Astlöchern und Baumhöhlen ihre Nester. Im Geäst von Eichen oder Buchen wohnt das Eichhörnchen. Es ernährt sich von den Knospen, Blüten und Früchten dieser Bäume, aber auch von Nüssen und den Zapfen der Nadelbäume. In den Wipfeln der Laubbäume haben viele Vögel, z. B. die Lärche, ihr zu Hause. In den Nadelbäumen gibt es für die Vögel weniger Nahrung, deshalb gibt es dort weniger Vögel. Manche Vögel nisten auch deshalb in Baumkronen, weil sie im dichten Blätterdach vor Feinden sicher sind.

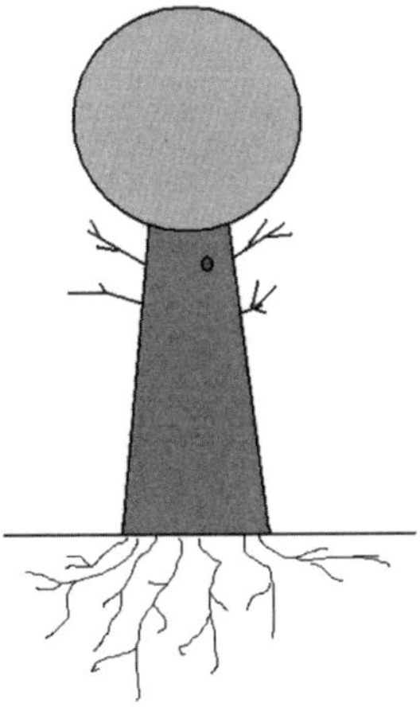

Aufgabe:

→ Welche Tiere leben wo im und am Baum? Schreibe es an die Abbildung!

M7

Pflanzen am Baum

Auf dem Stamm des Baumes wachsen viele Flechten, Moose und Farne. Auch einige Pilze sind hier zu finden. Efeu wächst am Fuße vieler Bäume und hält sich mit kleinen Haftwurzeln am Stamm fest. Das Geißblatt schlingt sich besonders gern um junge Bäume.

In den Astgabeln sammelt sich Vogelkot und anderes Material, auf dem bestimmte Pflanzen gedeihen. In der Baumkrone wohnen nur wenige Pflanzenarten, weil es dort zu trocken ist. Die Mistel ist hier zu Hause. Sie wächst meist auf Eichen und Pappeln.

Aufgabe:

→ 1. Sucht in Büchern und im Internet nach Fotos und Abbildungen von Pflanzen, die am oder auf dem Baum leben!
2. Findet heraus, warum die Mistel auch als Halbschmarotzer bezeichnet wird!
3. Gestalten ein Poster zu „Pflanzen am Baum“!

Pflanzen am Baum

M8

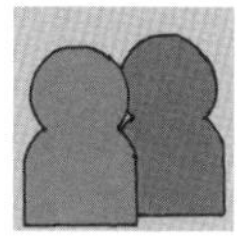

Wie errechnet man das Alter eines Baumes?

Das ungefähre Alter eines Baumes kannst du anhand des Umfanges berechnen. Der Umfang eines ausgewachsenen Baumes nimmt pro Jahr um 2,5 cm zu.

Aufgabe:

→ 1. Sucht euch einen ausgewachsenen Baum aus!

2. Messt mit einem Maßband in mindestens 1 Meter Höhe über dem Boden den Umfang des Baumes!

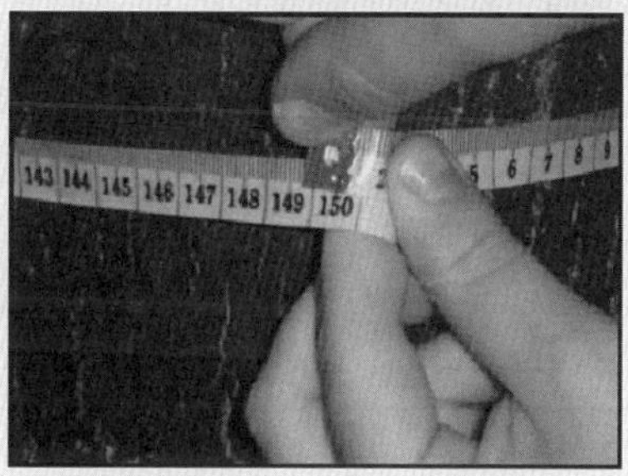

3. Teilt die Zentimeterzahl durch 2,5!

149 : 2,5 = ?

4. Wie alt ist euer Baum?

149 : 2,5 = 59,6

= *fast 60 Jahre alt*

M9

Wie misst man einen Baum?

Um die ungefähre Höhe eines Baumes zu messen, benötigst du einen Helfer und einen Stock.

Aufgabe:

➔ 1. Miss die Größe deines Helfers mit dem Messband und schreibe sie auf!
2. Bitte deinen Helfer, sich unter den Baum zu stellen, dessen Höhe du ermitteln willst.
3. Stelle du dich in einiger Entfernung vom Baum hin.
4. Halte den Stock ausgestreckt vor dich, so, dass du das obere Ende des Stockes in einer Linie mit dem Kopf deines Helfers siehst. Markiere am Stock, wo du die Füße deines Helfers siehst.
5. Überlege nun, wie oft du die markierte Strecke addieren musst, um die Höhe des Baumes zu erreichen!
6. Multipliziere diese Zahl mit der Größe deines Freundes und du hast die ungefähre Höhe des Baumes berechnet.

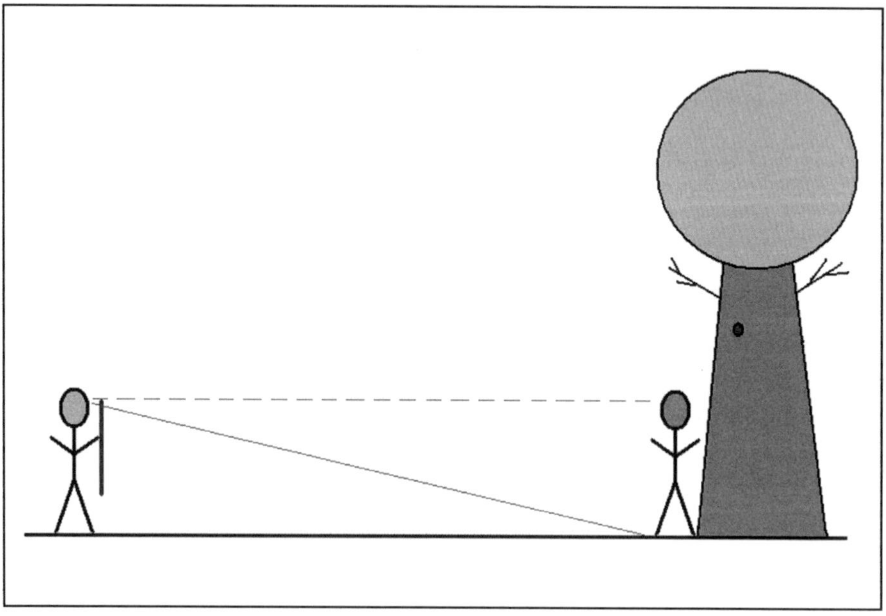

M10

Der kosmische Baum: Die Esche Yggdrasil

In frühen Vorstellungen von der Welt bildete ein riesiger Baum, die Weltesche Yggdrasil, das ganze Universum und verband die Unterwelt mit dem Himmel. Als Quelle allen Lebens bot der Baum, lange bevor es Menschen auf der Erde gab, Tausenden von Lebewesen Schutz und Nahrung.

Yggdrasil hat drei außergewöhnlich große Wurzeln, die ihn aufrecht halten. Eine Wurzel reicht in die Unterwelt der Götter, der Arsen, hinunter, die zweite in das Reich der Frostmenschen, das sind die Vorgänger der Menschen, und die dritte führt zum Reich der Toten.

Im Reich der Toten entspringt die Quelle, die die Erde bewässert. Neben der zweiten Wurzel sprudelt eine weitere Quelle. Dem, der seine Lippen mit ihrem Wasser benetzt, schenkt sie Wissen und Weisheit. Mimir, der Besitzer der Quelle, ist ein weiser Mann. Er hat jedermann verboten, aus ihr zu trinken. Unter der ersten Wurzel, die in das Reich der Götter führt, gibt es eine dritte Quelle, die heiligste von allen, den Brunnen, über den Urd, die älteste der Nornen wacht. Die Nornen hüten die Gesetze und Bräuche und lenken die Geschicke der Menschen und sogar der Götter. Jeden Tag schöpfen die Nornen aus dem Brunnen Wasser und Schlamm und begießen damit die Esche, damit sie wachsen kann. An diesem Brunnen versammeln sich die Götter um Rat zu halten, Streit zu schlichten und Recht zu sprechen. Dieser Brunnen verkörpert die Welt der Möglichkeiten aus Wasser und Erde, aus der alle Lebewesen hervorgegangen sind.

Die Unterwelt der Götter und ihr himmlischer Wohnort sind durch den Regenbogen miteinander verbunden.

Trotz seiner Mächtigkeit ist der kosmische Baum bedroht. Eine riesige Schlange nagt heimlich an der dritten Wurzel, wird aber täglich von dem großen Adler angegriffen, der im Wipfel des Baumes wohnt. Vier Hirsche fressen die jungen Triebe des Baumes. Aber im Baum leben auch nützliche Tiere wie die Ziege Heidrun, die täglich Milch gibt und das Eichhörnchen Ratatosk, das zwischen der Schlange und dem Adler zu vermitteln sucht. Der Adler beobachtet aus der Baumkrone heraus den Horizont, um die Götter zu warnen, falls ihre uralten Widersacher, die Riesen, sich nähern.

(nach Brosse, Jacques: Mythologie der Bäume. Düsseldorf und Zürich 2002)

Aufgabe:

→ Zeichnet die Esche Yggdrasil!

M11

Das singende klingende Bäumchen

Es war einmal ein schöner Prinz, der hatte sich unsterblich in die Prinzessin des Nachbarkönigreiches verliebt und kam, um sie zu freien. Doch die Prinzessin war hochmütig, verschmähte seine kostbaren Geschenke und forderte: „Nur wenn du mir das singende, klingende Bäumchen bringst, werde ich dich heiraten".

Der Prinz machte sich auf die Suche, konnte das Bäumchen aber nirgends finden. Schließlich traf er auf den Zwerg und fragte ihn: „Kannst du mir sagen, wo ich das singende, klingende Bäumchen finde?" Und tatsächlich, der Zwerg besaß das Bäumchen, gab es dem Prinzen und sprach: „Das Bäumchen wird erst singen und klingen, wenn die Prinzessin dich wahrhaft liebt. Sollte es dir nicht gelingen, die Liebe der Prinzessin zu erwerben, musst du fortan in meinem Reich leben und mir dienen." Voller Hoffnung trat der Prinz mit dem Bäumchen vor die Prinzessin. Die aber lachte ihn nur aus, als sie das klanglose Bäumchen sah. Traurig kehrte der Prinz zu dem bösen Zwerg zurück und wurde von ihm in einen Bären verwandelt. Aber die Prinzessin wollte das Bäumchen unter allen Umständen singen hören und schickte ihren Vater in den Wald, es zu holen. Der Vater traf auf den Bären und dieser gab ihm das Bäumchen unter einer Bedingung: „Mir soll das erste gehören, was dir bei deiner Heimkehr ins Schloss begegnet." Der Vater, der sich voller Schrecken an sein Versprechen erinnerte, wurde im Schloss von seiner ungeduldigen Tochter begrüßt. „Niemals kann ich es über das Herz bringen, dem Bären meine Tochter zu geben! Ihr müsst sie streng bewachen!" sprach er zu seinen Dienern. Aber der Bär drang in das Schloss ein und entführt die Prinzessin ins Reich des Zwerges, wo der ihr ein hässliches Gesicht entsprechend ihrem Wesen verpasste. Nun musste sich die verwöhnte Königstochter ihrem Schicksal ergeben. Sie begann zu spinnen und andere nützliche Dinge zu tun und wurde mit Hilfe des Bären allmählich zu einem warmherzigen Menschen. Gemeinsam gelang es beiden, die Zauber des bösen Zwerges zu brechen und schließlich auch das Bäumchen zum Singen und Klingen zu bringen. Nun stand der Hochzeit nichts mehr im Wege und wenn sie nicht gestorben sind, dann leben sie noch heute.

(neu erzählt von Silke Pfeiffer)

Aufgabe:

➔ Studiert mit mindestens 6 Kindern das Märchen als Theaterstück ein und führt es vor der Klasse oder auf einem Elternabend auf! Vergesst nicht, ein Bühnenbild zu entwerfen und euch zu verkleiden!

M12

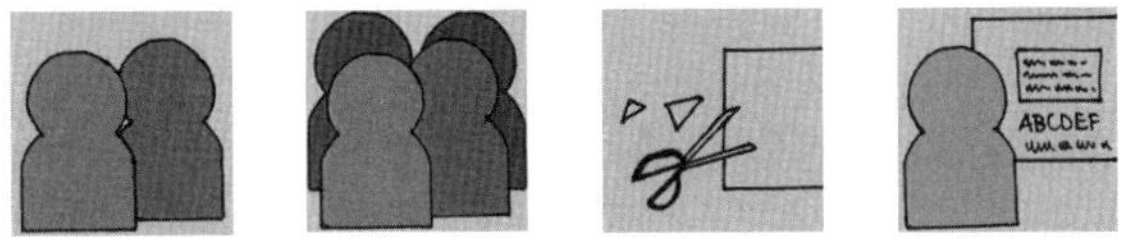

Sprüche und Redensarten über Bäume

Säge den Ast nicht ab, auf dem du sitzt.

Wie die Axt im Walde …

Ich könnte Bäume ausreißen!

Hohe Bäume werfen einen langen Schatten.

Krumme Bäume tragen auch Früchte.

Den Wald vor lauter Bäumen nicht sehen

An der Frucht erkennt man den Baum

Einen alten Baum verpflanzt man nicht.

Fälle nicht den Baum, der dir Schatten spendet!

Alt wie ein Baum …

Vom Hölzchen aufs Stöckchen kommen

Aus dem gleichen Holz geschnitzt

Nicht aus Holz sein

Etwas aufpäppeln

Klopf auf Holz!

Aufgabe:

➔ 1. Lest die Sprüche mehrmals und diskutiert darüber, was sie bedeuten!

2. Schneidet sie aus und verteilt sie gleichmäßig unter euch.

3. Stellt sie nun abwechselnd pantomimisch dar und lasst sie erraten!

M13

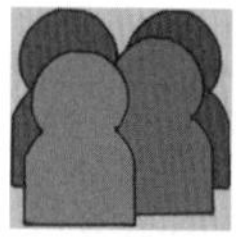
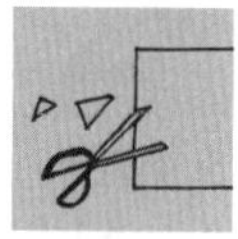

Mein Baum-Gedicht

Aufgabe:

➔ Suche dir einen Baum aus! Fotografiere ihn oder zeichne ihn und widme ihm einen kurzen Text! Überlege, ob du reimen, lieber einen freien Text oder mit den Buchstaben des Baumnamen einen Wörterkette schreiben möchtest. Hier drei Beispiele:

Der Mammutbaum
Alt und stolz
Zuckerhut aus Grün
Zuhause für Vögel

Die Küstentanne
Sie steht oft am Meer
Ich liebe sie sehr
Hat ganz viele Nadeln
Ich sah es beim Radeln
Mit Mutti am Meer
Ich liebe sie sehr

***K**norrig*
***I**nteressant*
***E**rhaben*
***F**rei*
***E**rnst*
***R**uhig*

Natürlich kannst du auch eigene Bäume für deine Gedichte wählen.

M14

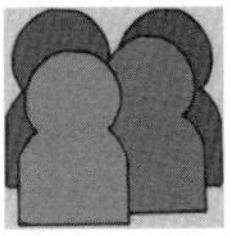

Holz – ein wichtiger Rohstoff

Aufgabe:

➔ Seht euch die Fotos an und zeichnet weitere Dinge aus eurer Umgebung auf, die aus Holz bestehen!

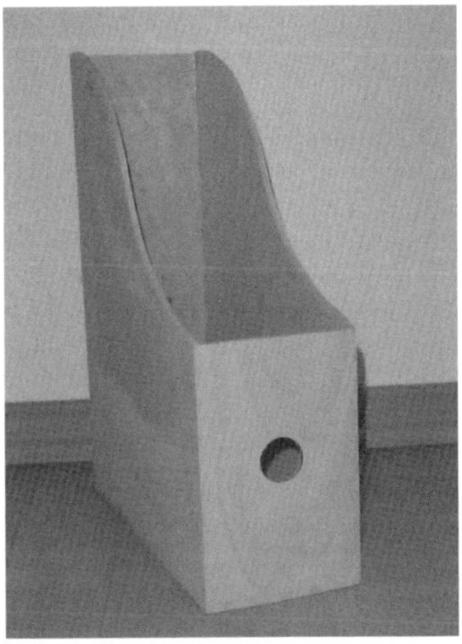

M15

Für den Schutz des Waldes etwas tun

Wir verbrauchen täglich viel Papier. Für die Herstellung von Papier müssen viele Bäume gefällt werden.

Aufgabe:

➔ Sammelt Ideen, wie ihr Papier sparen könnt! Setzt folgende Liste fort!

1. Papier immer beidseitig beschreiben

2. Hefte und Blöcke, die aus Altpapier hergestellt wurden, kaufen

3.

4.

5.

6.

➔ Entwerft ein Plakat, mit dem ihr eure Mitschüler auffordert, sorgsam mit Papier umzugehen! Überlegt vorher:

- Welche Überschrift spricht an?
- Zu welchem Verhalten wollt ihr anregen?
- Was soll besonders hervorgehoben werden?
- Welche Bilder und Fotos wollt ihr einbeziehen?

Bsp.

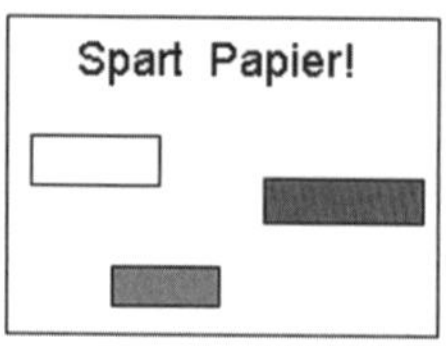

M16

Baumhäuser

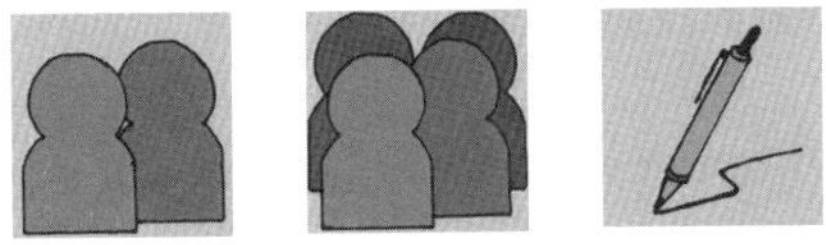

Aufgabe:

➔ 1. Betrachtet die Baumhäuser und überlegt, mit wem ihr gern ein Baumhaus hättet und was ihr darin tun würdet!

2. Vielleicht habt ihr die Möglichkeit, auf dem Schulgelände oder Zuhause mit Hilfe der Erwachsenen ein eigenes Baumhaus zu bauen. Sollte das nicht möglich sein, entwerft ein Baumhaus auf dem Papier!

3. Schreibt dazu einen kleinen Text!

M17

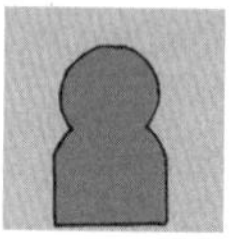 

Baumgeschichten schreiben

Aufgabe:

➔ Denke dir eine Geschichte aus, in der ein Baum im Mittepunkt steht. Überlege zunächst:

- wo sich der Baum befindet (z. B. in einem dunklen Wald oder auf einer Wiese)
- welche besonderen Eigenschaften der Baum hat (vielleicht kann er sprechen, zaubern oder sich von seinem Standort weg bewegen)
- welche Personen in der Geschichte vorkommen (z. B. Kinder, Erwachsene, Elfen, Trolle)
- wer die Geschichte erzählt (Ich-Erzähler oder unpersönliche Erzählweise)
- wie du durch bestimmte Formulierungen Spannung erzeugen kann (z. B. „plötzlich", „auf einmal")

Hier ein Beispiel für den Anfang einer Baumgeschichte:

„Die anderen sind so gemein. Niemals lassen sie mich mitspielen!" raunte Peter vor sich hin. Enttäuscht und traurig kletterte er auf den großen Eichenbaum hinter der Schule. In seinem dichten Blätterdach hatte er sich ein Baumhaus gebaut. Niemand wusste von seinem Versteck, dass ihn in Windeseile überall hin bringen konnte: an die Ostsee zu seinem Großvater oder nach Afrika in die Wüste. Er musste nur dreimal an einem bestimmten Ast ziehen und los ging es. Aber heute hatte sich Peter etwas ganz Besonderes ausgedacht. Langsam und bedacht griff er nach dem Zauberast und …"

M18

Rinden-Kunst

Aufgabe:

→ 1. Suche dir einen Baum aus, dessen Rinde dir gefällt oder interessant erscheint.
2. Nimm ein reißfestes, aber nicht zu dickes weißes Papier und drücke es fest an die Rinde!
3. Reibe mit einem Wachsmalstift vorsichtig über das Papier, bis sich das Rindenmuster abzeichnet.
4. Nun kannst du mit deinem Bild eine Postkarte gestalten oder ein Freundschafts- oder Tagebuch.

M19

Die Entstehung des Waldes

Die ersten Pflanzen auf der Erde entstanden vor ca. 370 Millionen Jahren. Etwa um diese Zeit gab es auch die ersten Wälder. Das heiße und feuchte Klima brachte vielfältige Baumarten hervor. Zuerst entstanden die Nadelbäume, erst danach die Laubbäume. Vor ca. 150 Millionen Jahren übernahmen Dinosaurier die Herrschaft. Manche fraßen Fleisch, andere Pflanzen. Damals gab es etwa 10000 verschiedene Arten von Nadelbäumen auf der Erde. Die ersten Vögel entstanden und schließlich auch die Säugetiere. Auch die Pflanzen entwickelten sich und breiteten sich weiter aus. In den heißen Gebieten gab es Wälder aus Palmen und Mammutbäumen, in anderen Zonen wuchsen Laubwälder, in denen große Säugetiere, z. B. Urpferde und viele Vogelarten lebten. Allmählich veränderte sich das Klima und es entstanden gemäßigte Zonen, in denen es weniger heiß war. Dort breiteten sich Wälder mit Eichen, Ahornbäumen, Buchen- und Nadelbäumen aus. Fünf Eiszeiten, die sich mit wärmeren Perioden abwechselten, hatten großen Einfluss auf die Pflanzenwelt. Viele Baumarten, wie z. B. Birken, Kiefern und Weiden widerstanden der Kälte und verbreiteten sich in ganz Europa. Die Menschen waren Jäger und Sammler. Sie fanden in den Wäldern ihre Nahrung. Erst viel später holzten die Menschen Wälder ab, um auf dem Boden Ackerbau betreiben zu können. Heute sind unsere Wälder bedroht, z. B. durch den sauren Regen, der durch die Abgase der Industrieländer entsteht, durch das unkontrollierte Abholzen großer Teile des tropischen Regenwaldes und durch riesige Waldbrände, denen jährlich einige tausend Hektar Wald zum Opfer fallen. Wenn aber unsere Wälder verschwinden, hat das schlimme Folgen für Menschen, Pflanzen und Tiere. Denn alles Leben ist auf den Wald angewiesen: Er ist wichtig für unser Klima und der Lebensraum vieler Pflanzen- und Tierarten.

Aufgabe:

➔ Unterstreiche im Text die Antworten auf folgende Fragen und suche nach zusätzlichen Informationen im Internet und in Büchern:

a) Seit wann gibt es Pflanzen auf der Erde?

b) Wie viele verschiedene Arten von Nadelbäumen gab es ursprünglich auf der Erde?
Erkundet, wie viele es ungefähr heute gibt!

c) Welche Bäume entwickelten sich in heißen und welche in weniger heißen Gebieten?

d) Wodurch sind die Wälder heute bedroht und was bedeutet das?

M20

Ich will mehr wissen!

Aufgabe:

➔ Auf den Wissenskärtchen erhältst du weitere Informationen zum Thema „Bäume“.
Lies dir für dich interessante Texte durch und notiere dir das Wichtigste in Stichpunkten.

Was geschieht, wenn die Laubbäume im Herbst ihre Blätter verlieren?

Im Herbst bereiten sich die Bäume auf die Winterruhe vor. Mit zunehmender Kälte nimmt die Wasseraufnahme durch die Wurzeln des Baumes immer mehr ab. Bevor die Blätter abgeworfen werden, wandelt der Baum alle in den Blättern vorhandenen Nährstoffe um und zieht sie aus ihnen heraus in die Äste, den Stamm und die Wurzel des Baumes zurück. Wenn das Blattgrün (das Chlorophyll) abgebaut wird, kommt die zweite Grundfarbe des Blattes zum Vorschein, die durch das Blattgrün überdeckt war: das Gelb. Durch die zunehmende Kälte entstehen die Rottöne. Wenn das Blatt alle Nährstoffe verloren hat, stirbt es ab und wird an der Korkschicht am Schaft des Blattes vom Ast gekappt. Angenommen, der Laubbaum würde im Winter seine Blätter behalten, könnte er diese nicht ausreichend mit Wasser versorgen und würde absterben. Die abgefallenen Blätter bedecken am Boden höher liegende Wurzeln und schützen sie so vor Frost. In wenigen Jahren werden sie zu Humus umgewandelt.

Was ist Harz?

Harz ist eine Flüssigkeit, die von Bäumen und anderen Pflanzen abgegeben wird. Nadelbaumharz ist zäh, klebrig und stark riechend. Harz von Laubbäumen klebt und riecht kaum und ist flüssiger. Harz wird vor allem für die Herstellung von Lacken, Seifen und Arzneistoffen verwendet. Harz tritt aus, wenn die Rinde eines Baumes beabsichtigt oder unbeabsichtigt tief verletzt wird. Harz verschließt dann die Wunde und verhindert, dass der Baum größeren Schaden nimmt.

Was ist ein Botanischer Garten?

Ein Botanischer Garten ist eine nach Herkunft der Pflanzen geordnete Anpflanzung von Bäumen, Sträuchern und anderen Pflanzen. Botanische Gärten, die ausschließlich aus Bäumen bestehen, heißen Arboretum. Der erste Botonische Garten wurde 1544 in Italien angelegt. Kurz danach entstanden in Deutschland Botanische Gärten, z. B. in Leipzig, Jena und Heidelberg. Botanische Gärten sind beliebte Ausflugs- und Erholungsziele. Vor allem haben sie aber die Aufgabe, Pflanzen zu erfassen, zu beschreiben und zu ordnen, Anschauungs- und Forschungsmaterial für Schulen und Universitäten zu liefert und zum Erhalt der Artenvielfalt beizutragen.

Was sind tropische Regenwälder?

Tropische Regenwälder sind Vegetationsformen, die nur in tropischen Klimazonen anzutreffen sind. Sie sind immergrüne Urwälder, die dem heißen und feuchten Klima angepasst sind. Im tropischen Regenwald ist es im Jahr durchschnittlich 25 Grad Celsius warm und es fallen große Mengen an Niederschlag. Das macht diese Wälder so fruchtbar und urwüchsig. Regenwälder gibt es in Süd- und Mittelamerika, Afrika und Südasien und in Australien. 1950 bestand 11% der Landfläche der Erde aus Regenwäldern. Bis 1980 wurden 50% davon zerstört oder fielen Waldbränden zum Opfer. In tropischen Regenwäldern wächst die Vegetation in 6 Schichten, die ineinander übergehen: Boden, Krautschicht, Strauchschicht, niedrige Bäume, Kronenschicht und Überständer. Besonders typisch für den Regenwald sind Lianen.

4.6 Literatur und Internetadressen

Für Lehrerinnen und Lehrer

Aas, G./Riedmüller, A. (1999): GU Naturführer Bäume. Hamburg

Straaß, V. (2000): Natur erleben das ganze Jahr. München

Schwedes, H. (Hrsg.) (1977): Holz und Bäume. Unterrichtsvorschläge für die Grundschule. Stuttgart

Niedersächsisches Ministerium für Ernährung, Landwirtschaft und Forsten (Hrsg.): Medienkoffer Wald für das 3. und 4.Schuljahr. Begleitheft. Hannover

Höhere Forstbehörde Westfalen-Lippe (Hrsg.) (1997): Walderlebnisspiele. Mülheim

Cornell, J. Bh. (1979): Mit Kindern die Natur erleben. Soyen

Für Schülerinnen und Schüler

Cornell, J. (1991): Mit Freunde die Natur erleben. Mülheim

Höhere Forstbehörde Westfalen-Lippe (Hrsg.): Gestatten, Eiche! Mit Kindern Bäume bestimmen. Mühlheim

Neumann, A./Neumann, B.: Waldfühlungen. Das ganze Jahr den Wald erleben. Aktivitäten und Geschichtenfibel. Münster

Empfehlenswerte Internetadressen

http://clic.eduhi.at/index.php?kthid=&pool=artikel&suchtext=Wissensbank+B%E4ume&modul=suchen&go=Suchen

http://www.naturdetektive.de

http://www.wald-online.de

http://www.woodworld.ch

5. Räume erkunden

5.1 Was man wissen sollte

Kognitives Kartieren als Voraussetzung für die Orientierung im Raum

Das Kennen vielfältiger Räume, die Differenzierung zwischen ihnen und die Fähigkeiten, sich im Raum zu orientieren, d. h. sich möglichst zielgerichtet und selbständig von einem Ort zum anderen bewegen zu können, gehören zu den elementaren Fähigkeiten, die Kinder brauchen, um sich in ihrer Umwelt zurechtzufinden. Diese Fähigkeit wird in der Wissenschaft als **„kognitives Kartieren"** bezeichnet. Menschen zeichnen in ihrem Bewusstsein „Kognitive Karten" (Maps of Minds), die sie im Verlauf ihres Lebens mit zunehmender Erfahrung immer wieder „überzeichnen", d. h. differenzieren, strukturieren und dadurch erweitern. Dies ist ein interaktiver Prozess, denn das „Zeichnen" findet statt, indem Menschen sich in der Welt bewegen und sie erkunden.

Die Perspektive von Raumwahrnehmungen und Raumdarstellungen

Die Kognitiven Karten der einzelnen Menschen können sehr unterschiedlich sein. Sie sind abhängig vom Alter, vom kulturellen Hintergrund, von den Gegebenheiten, in denen Menschen aufgewachsen sind und in denen sie sich bewegen. So verfügen Kinder über weniger umfassende Raumvorstellungen als Erwachsene und ein Großstädter wird sich wahrscheinlich in einer ihm fremden Großstadt schneller orientieren können, als jemand, der in einem kleinen Dorf aufgewachsen ist. Auch Erfahrungen in bestimmten Räumen (Gärten, exotischen Landschaften, Höhlen usw.) können Raumwahrnehmungen beeinflussen. Außerdem sind **Raumwahrnehmungen** vom Standort des Betrachters abhängig. So wird ein Platz von einem Turm aus sehr viel kleiner wahrgenommen, als das vom Rand oder von der Mitte des Platzes der Fall ist. Aber auch die **Raumdarstellung** kann sehr unterschiedlich sein. Ein Haus kann je nach Perspektive zwei- oder dreidimensional und in verschiedenen Ansichten (von oben, von vorn, von der Seite oder von hinten) wahrgenommen und dargestellt werden.

Dennoch werden kognitive Karten verschiedener Menschen sich gleichen. Je kleiner die räumlichen Ausmaße eines geografischen Gebietes sind, desto weniger Ähnlichkeiten gibt es in ihren Darstellungen, weil die unmittelbaren **individuellen Erfahrungen** in diesen Räumen in der Regel sehr unterschiedlich sind. Wenn z. B. Kinder ihre Schule von Innen zeichnen, werden sie je nach Bezug unterschiedliche Räume oder unterschiedliche Details in ein und demselben Raum darstellen.

Nahräume und Fernräume

Die Wirkung der Umgebung auf den Menschen und der Eindruck, den er sich von der Umwelt macht, ergänzen sich wechselseitig. Dabei entsteht ein komplexes Bild der Umwelt, das sowohl den **Nahraum** der Schülerinnen und Schüler als auch den **Fernraum** erfasst. Unter dem Nahraum wird in diesem Zusammenhang das unmittelbare Umfeld der Kinder, ihr Wohnraum, die Schule, der Heimatort und das Bundesland, in dem sie leben, verstanden. Zum Fernraum zählen die Bundesrepublik Deutschland als Ganzes, Europa und schließlich der Planet Erde.

Diese Räume können zum einen als **Naturraum** betrachtet werden. Dabei stehen bestimmte markante Merkmale der Landschaft (z. B. Oberflächenbeschaffenheit, Gewässer, Vegetation) im Mittelpunkt. Diese inhaltliche Ausrichtung der Auseinandersetzung mit Räumen ist in der Wissenschaft Gegenstand der **physischen Geographie**. Zum anderen können Räume auch als **Wirtschafts- und Sozialräume** betrachtet werden. Dann werden sie in ihrer wirtschaftlichen oder sozialen Nutzung und Ausgestaltung (z. B. Industrie, Landwirtschaft, Kultur) näher betrachtet. Mit diesen Aspekten von Räumen beschäftigt sich die **Humangeografie**.

Methoden der Auseinandersetzung mit Räumen

Die Beschäftigung mit physischen Sachverhalten erfolgt in der Schule vor allem über die Arbeit mit Abbildungen, Fotos und Karten, das Anfertigen von Skizzen, Zeichnungen und Lageplänen und mit Hilfe von Raum-Lagebeziehungen (z. B. oben, unten, rechts, links, davor, dahinter), von Himmelsrichtungen, von Beziehungen und Verhältnissen (z. B. in der Nähe, gegenüber) und Symbolen (z. B. für die Darstellung von Grünflächen und Häusern). Die Auseinandersetzung mit Wirtschafts- und Sozialräumen wird in erster Linie durch Erkundungen in der unmittelbaren Lebenswelt, durch Befragungen und Recherche in Büchern und im Internet realisiert.

5.2 Lernziele

Die Beschäftigung mit dem Thema verfolgt folgende Ziele. Die Schülerinnen und Schüler

- sollen sich in der näheren Wohn- und Schulumgebung und insgesamt im Heimatort orientieren lernen,
- eine bildliche Vorstellung der geografischen Lage der Heimatstadt im Bundesland und des eigenen Bundeslandes in der Bundesrepublik entwickeln,
- lernen Himmelsrichtungen kennen, mit dem Kompass bestimmen und sich im Raum mit der Karte zu orientieren,
- können Zeichnungen und Skizzen von Räumen anfertigen, mit verschiedenen räumlichen Darstellungen arbeiten und diese bestimmen und deuten,
- lernen Besonderheiten in der Natur im eigenen und näheren Lebensraum kennen (Gewässer, Vegetation),
- eignen sich Kenntnisse über Industrie, Landwirtschaft, Bevölkerung und Kultur im eigenen und näheren Lebensraum an,
- entwickeln Vorstellungen zu kreativen und imaginären Räumen,
- üben Zeichnungen und Modelle anzufertigen,
- entwickeln ein Verständnis für die Problematik des Umgangs des Menschen mit natürlichen Ressourcen,
- erkennen, dass sie für die Gestaltung ihres Umfeldes mit verantwortlich sind.

5.3 Einführung des Themas: Matrioschka-Spiel

In der ersten Begegnung mit dem Lerngegenstand geht es darum, dass die Schülerinnen und Schüler erkennen, dass Räume in Verhältnissen zueinander stehen, z.B. das Schulzimmer Teil des Schulgebäudes und das Schulgebäude Teil des Wohngebietes aber auch des Bundeslandes sind. Dafür bietet sich das Matrioschka-Spiel an. Die Matrioschka ist eine Puppe, die viele verschiedene Puppen in sich trägt.

An der Tafel werden für das Spiel verschiedene Räume gesammelt. Anschließend erhalten die Schülerinnen und Schüler das Arbeitsblatt (vgl. nächste Seite) mit der Aufforderung, die einzelnen Räume in Relation zueinander zu setzen. Solche Räume können z.B. sein:

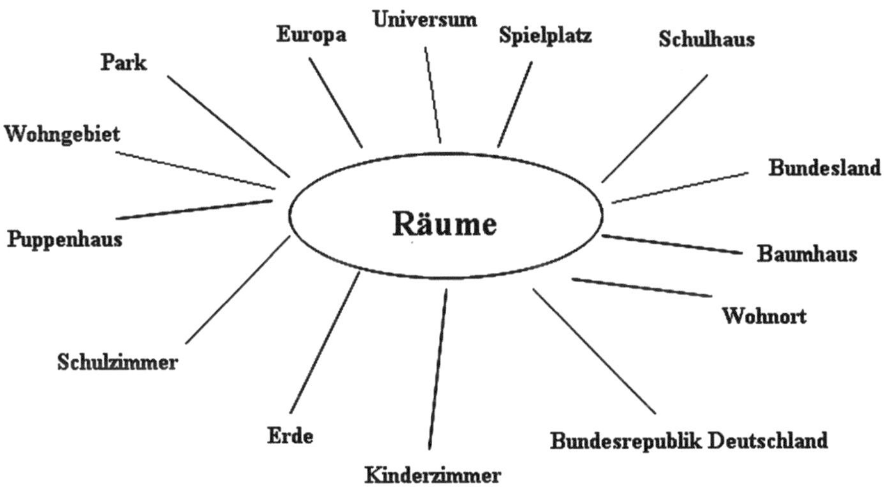

> Achtung! Nicht jeder Raum lässt sich in Relation zum anderen Raum setzen, z.B. ist der Spielplatz nicht Teil der Schule und das Schulzimmer nicht Teil des Kinderzimmers.

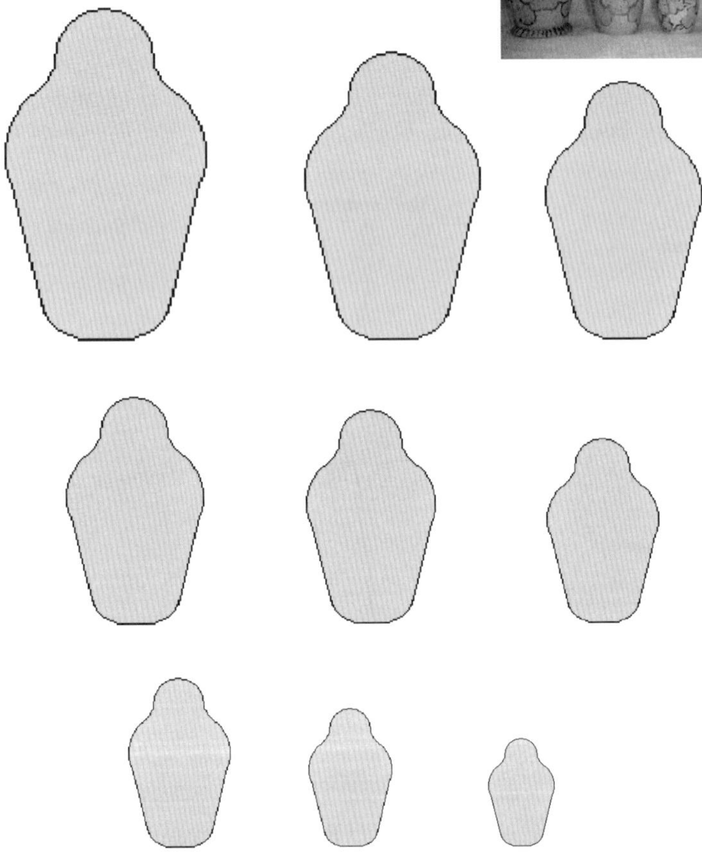

Aufgabe:

➔ Welcher Raum gehört in welche Puppe? Schneidet die Puppen aus, klebt sie in der richtigen Reihenfolge der Größe nach auf ein Blatt Papier und verseht sie mit der richtigen Bezeichnung! Was fällt euch dazu ein? Malt es auf die Puppen!

5.4 Aufbau der Stationen – Übersicht

Pflichtaufgaben	**Wahlpflichtaufgaben** (eine Aufgabe von zweien muss gewählt werden)	**Wahlaufgaben** (freiwillige Zusatzaufgaben)
Station 1 *Raum-Lage-Beziehungen* **(M1)**	Station 6 *Wo ich wohne* **(M6)** Station 7 *Zeichne dein Zimmer!* **(M7)**	Station 16 *Das Sonnensystem der Erde* **(M16)**
Station 2 *Unsere Schule* **(M2)**	Station 8 *Landeshauptstadt-Spiel* **(M8)** Station 9 *Das Deutschland-Quiz* **(M9)**	Station 17 *Ein Raum, in dem das Glück wohnt* **(M17)**
Station 3 *Unser Heimatort* (M3)	Station 10 *Wir bauen eine Stadt* **(M10)** Station 11 *Städteplaner-Spiel* **(M11)**	Station 18 *Mit dem Kompass die Richtung bestimmen* **(M18)**
Station 4 *Unser Bundesland* **(M4)**	Station 12 *Die lebende Karte Unser Heimatort* **(M12)** Station 13 *Heimatkalender* **(M13)**	Station 19 *Wohnräume einrichten* **(M19)**
Station 5 *Die Bundesrepublik Deutschland* **(M5)**	Station 14 *Zu Hause in Europa* **(M14)** Station 15 *Die Kontinente der Erde* **(M15)**	Station 20 *Ich will mehr wissen!* **(M20)**

5.5 Materialien

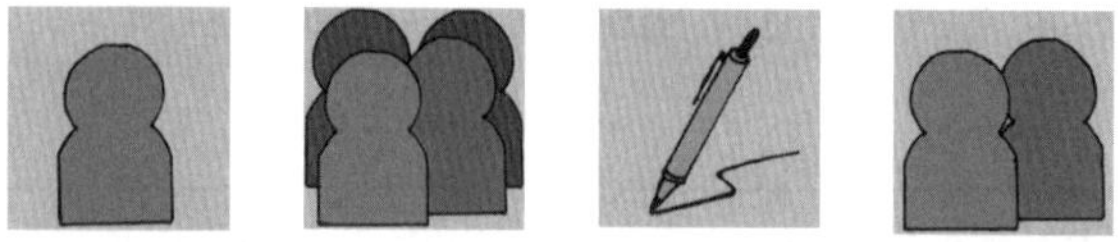

M1

Raum-Lage-Beziehungen

Ein Raum lässt sich mit Hilfe von Wörtern, die die Lage von Gegebenheiten (z. B. Decke, Fußboden, Wand) und Gegenständen (z. B. Tische, Stühle, Schränke) in diesem Raum angeben, näher bestimmen. Die vier wichtigsten Raum-Lage-Bezeichnungen sind „rechts“ und „links“, „oben“ und „unten“. Für die feinere Bestimmung des Raumes, z. B. die Beschreibung, wo sich bestimmte Gegenstände in Beziehung zu anderen befinden, gibt es Formulierungen wie „rechts/links neben dem Schrank“, „zwischen Tisch und Schrank“, „über/unter dem Tisch“. Räume lassen sich am besten von einem festen Standpunkt aus beschreiben.

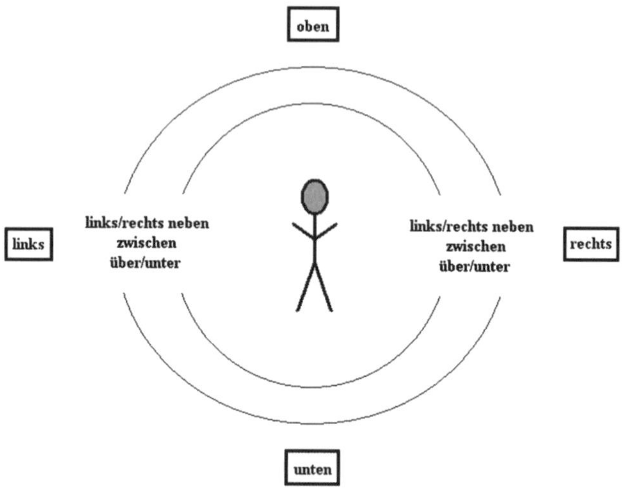

Aufgabe:

➔ 1. Sucht euch einen Platz im Raum! Und beantwortet folgende Fragen!
   - Was befindet sich von euch aus betrachtet rechts, links, oben und unten?
   - Was befindet sich von euch aus auf der rechten Seite rechts und/oder links neben einem Gegenstand?
   - Was befindet sich von euch aus auf der linken Seite zwischen zwei Gegenständen?
   - Was befindet sich über/unter Gegenständen?
2. Fertigt eine Skizze an!
3. Führt euch anschließend zu zweit abwechselnd mit geschlossenen Augen durch den Raum und versucht die Gegenstände im Raum zu ertasten!

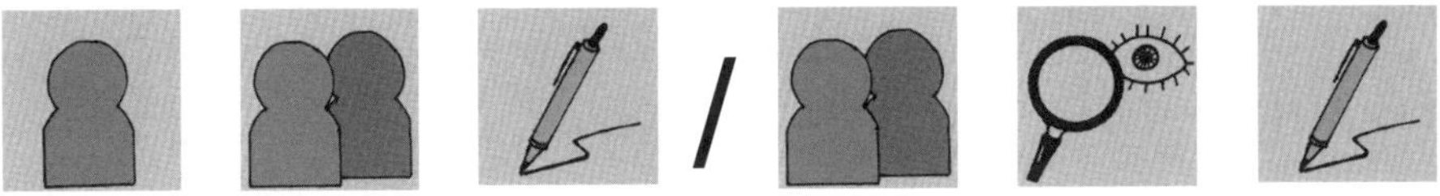

M2

Unsere Schule

Aufgabe:

➔ Wie sieht eure Schule von vorn aus? Fertigt eine Zeichnung an!

Aufgabe:

➔ Erkundet zu zweit, wo sich in eurer Schule folgende Räume befinden! Wenn ihr sie gefunden habt, tragt ein, in welchem Stockwerk sich der jeweilige Raum befindet! Manche Räume haben auch eine Raumnummer. Tragt sie ggf. ein!

	Stockwerk	**Raumnummer**
Lehrerzimmer		
Toilette für Jungen		
Toilette für Mädchen		
Sporthalle		
Zimmer des Rektors/der Rektorin		
Zimmer des Konrektors/der Konrektorin		
Sekretariat		
Raum des Hausmeisters		

M3 (Seite 1 von 3)

Unser Heimatort

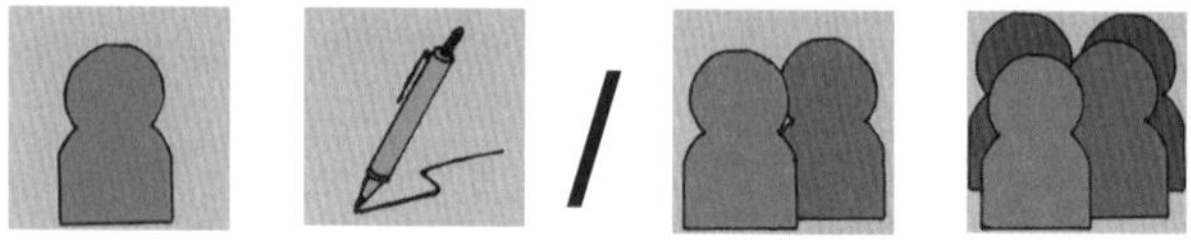

Arbeit mit der Karte

Legt eine Karte von eurem Heimatort vor euch hin. Seht euch an, wie diese Karte aufgebaut ist. Oben auf der Karte ist immer Norden, unten Süden, links Westen und rechts Osten.

Aufgabe:

➔ Schreibe oder zeichne an die Windrose, was sich in deinem Heimatort im Norden, Süden, Osten und Westen befindet!

Die Vierecke auf der Karte nennt man Planquadrate. Die Buchstaben und Zahlen bezeichnen die einzelnen Quadrate.

➔ Sucht auf der Karte die Planquadrate D6, E8 und F3!

Die meisten Karten haben eine Legende. Darin sind die wichtigsten Gebäude und Straßen mit einer Planquadratangabe versehen. Wenn man in einer Stadt fremd ist, kann man so herausfinden, wo sich was befindet.

	A	B	C	D	E	F	G	H	...
1									
2									
3									
4									
5									
6									
7									
8									
...									

➔ Seht in der Legende nach, wo sich die Straße, in der ihr wohnt, das Rathaus und der Bahnhof befinden! Sucht diese Räume mit Hilfe der Planquadratangaben auf der Karte!

M3 (Seite 2 von 3)

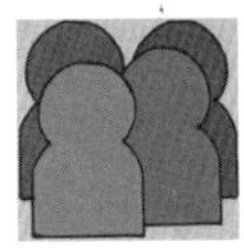

Unser Heimatort

Eine eigene Karte erstellen

Um die vielen Informationen auf wenig Platz abbilden zu können, werden auf Karten häufig Symbole verwendet. Auf den meisten Karten sind diese Symbole in einer Legende erklärt. Die Farben können frei gewählt werden, man verwendet aber immer dieselbe Farbe für eine bestimmte Bedeutung, z. B. Blau für Wasser, Gelb für Straßen, Braun für Gebäude. Außerdem können diese Symbole auf der Karte mit Namen beschriftet werden, z. B. Augustenstr. oder Schloss.

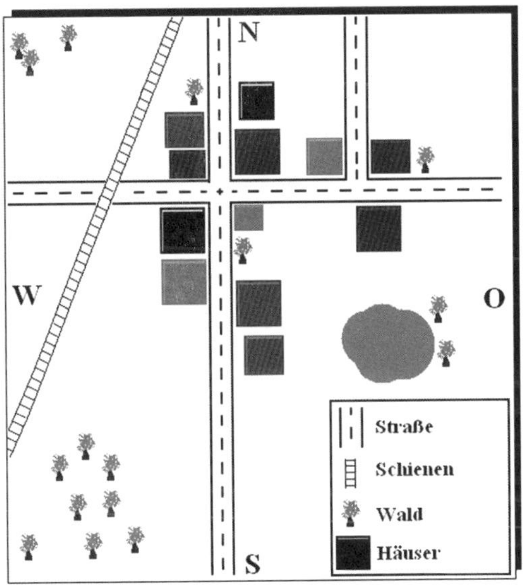

Fertige nun eine eigene Karte von deinem Heimatort an. Dabei kann die „echte" Karte als Orientierung dienen.

Aufgabe:

➔ 1. Nehmt ein weißes Platt Papier! Zeichnet zuerst die Himmelsrichtungen Nord (N), Süd (S), West (W) und Ost (O) ein!

2. Denkt euch eigene Symbole für wichtige Merkmale eures Heimatortes, z. B. Schule, Park, Straße, See, aus und notiert sie unten rechts in einem Kästchen!

3. Seht nun mit Hilfe der Legende auf der echten Karte nach, wo (in welcher Himmelsrichtung) sich wichtige Gebäude usw. befinden, zeichnet die Symbole ein und beschriftet sie!

M3 (Seite 3 von 3)

Unser Heimatort

Auf Erkundungstour

Aufgabe:

→ Überlegt, wie ihr Informationen zu folgenden Fragen bekommen könnt! Tragt eure Ergebnisse in folgende Tabelle ein!

Wie viele Einwohner hat eue Heimatort?	
Wie heißt der Bürgermeister?	
Welche Bildungseinrichtungen gibt es (Kinderkrippen, Kindergarten, Schulen, Universitäten)?	
Gibt es in eurem Heimatort größere Betriebe oder Landwirtschaft? Was wird dort hergestellt?	
Gibt es Museen? Welche?	
Welche weiteren kulturellen Einrichtungen gibt es (Theater, Kinos usw.)?	

M4

Unser Bundesland

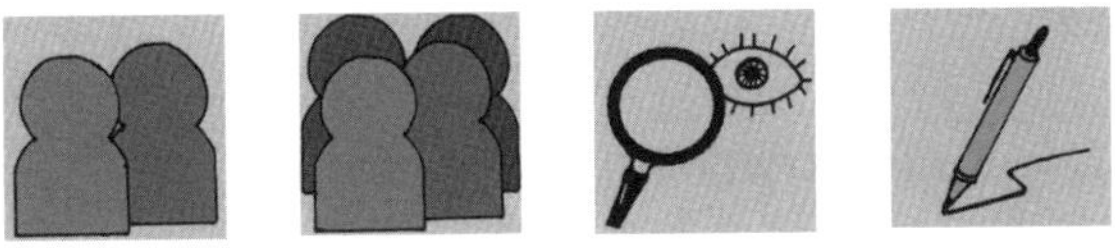

Aufgabe:

➔ 1. Markiert das Bundesland, in dem ihr lebt farbig.

2. Informiert euch über die Landeshauptstadt, andere Städte im Bundesland und Industrie und Landwirtschaft!

3. Fertigt zu eurem Bundesland ein Poster an!

M5

Die Bundesrepublik Deutschland

Aufgabe:

→ Beantworte folgende Fragen! Orientiere dich dabei an der Deutschlandkarte!

1. Wie viele Bundesländer gibt es in der Bundesrepublik Deutschland?
2. Trage sie in folgende Tabelle ein und notiere dazu die Landeshauptstädte!

Bundesland	**Landeshauptstadt**

→ 3. Wie heißt die Hauptstadt der Bundesrepublik?

4. Fertige eine Skizze mit den Umrissen der Bundesrepublik Deutschland an. Zeichne die Nachbarländer ein!

M6

Wo ich wohne

Anja hat eine Freundin, die sie im Urlaub mit ihren Eltern kennen gelernt hat. Sie wohnt in einer anderen Stadt, heißt Susanne und geht wie Anja in die 4. Klasse. In den Sommerferien wird Susanne Anja zum ersten Mal besuchen. Damit Susanne sich ein Bild von Anjas Zuhause machen kann, schreibt sie ihr einen Brief.

Liebe Susanne,

ich freue mich sehr, dass wir uns bald wieder sehen. Damit du dir vorstellen kannst, wie es bei uns ist, schreibe ich dir diesen Brief. Wir wohnen am Stadtrand von Oldenburg in einem Mehrfamilienhaus. Sechs Familien wohnen in unserem Haus mit insgesamt zehn Kindern. Vom Bahnhof muss man acht Stationen mit dem Bus zu uns fahren. Unsere Wohnung ist im 2. Stock und hat drei Zimmer, eine Küche und ein Bad. Ein Zimmer ist mein Kinderzimmer. Wenn du uns besuchst, wirst du bei mir im Kinderzimmer übernachten. Dann können wir uns abends lange was erzählen. Hinter dem Haus hat jede Familie einen kleinen Garten. Wenn das Wetter schön ist, können wir draußen spielen und uns vielleicht eine Höhle bauen. In der Nähe unseres Wohnhauses ist außerdem eine Schwimmhalle. Wollen wir baden gehen? Bitte schreibe mir, wozu du Lust hast!

Deine Anja

Aufgabe:

→ Stelle dir vor, du möchtest einem Freund oder einer Freundin von deinem Zuhause erzählen! Schreibe einen Brief!

M7

Zeichne dein Zimmer!

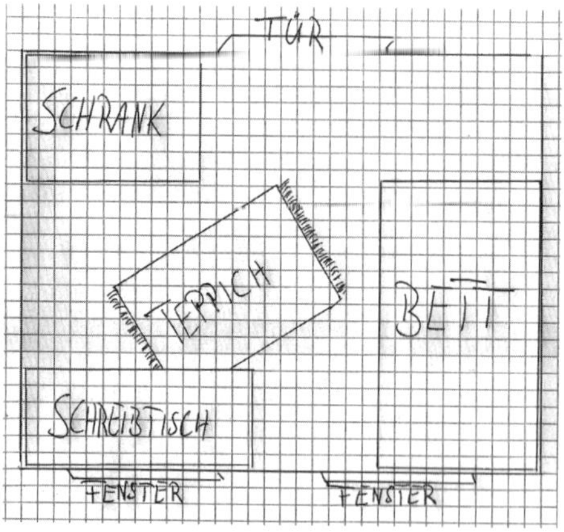

Die meisten Karten stellen etwas aus der Vogelperspektive, also von oben gesehen, dar. So kannst auch du eine Karte von deinem Zimmer anfertigen. Dazu benötigst du großkariertes Papier, ein Lineal und einen gespitzten Bleistift.

Aufgabe:

➔ So gehst du vor:

1. Miss zuerst dein Zimmer mit deinen Füßen aus, indem du sie ganz dicht hintereinander setzt, sodass sich die Ferse des einen und die Zehen des anderen Fußes berühren! Prüfe, wie viele Fußlängen dein Zimmer lang und breit ist!
2. Stelle dir nun vor, ein Schritt wäre so groß wie ein Kästchen auf dem Papier und zeichne den Umriss deines Zimmers auf! Ist dein Zimmer z. B. 25 Fußlängen lang und 20 Fußlängen breit, zeichnest du ein Rechteck, das 25 Kästchen lang und 20 Kästchen breit ist.
3. Miss nun die Zimmertür und das Fenster mit Schritten ab und zeichne sie mit einer Doppellinie in deine Karte ein!
4. Zum Schluss miss die größeren Möbel in Schritten ab und zeichne sie in der Draufsicht als Rechtecke und Quadrate ein!
5. Wenn du willst, kannst du nun dein Zimmer auf dem Papier umräumen. Fertige dazu einen neuen Umriss deines Zimmers an! Zeichne Tür und Fenster ein und schneide die Möbel aus deinem ersten Plan aus. Probiere auf deinem zweiten Plan, ob sie auch woanders hinpassen!

M8 ***(Seite 1 von 3)***

Das Landeshauptstadt-Spiel

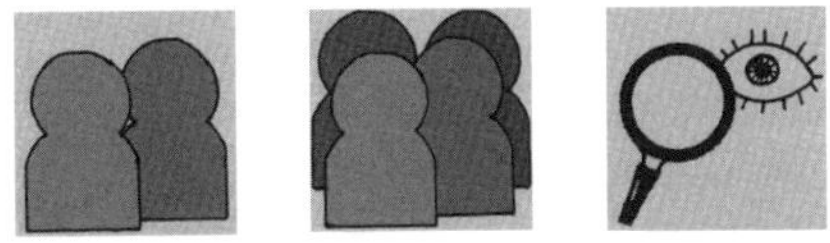

Aufgabe:

→ Schneidet alle Kärtchen aus und legt sie mit der Schrift nach unten vor euch aus. Deckt nun zuerst eine Karte auf! Entweder findet ihr darauf den Namen eines Bundeslandes oder einer Landeshauptstadt. Ist es ein Bundesland, versucht die Landeshauptstadt zu benennen, ist es eine Landeshauptstadt, überlegt, ob ihr das dazugehörige Bundesland kennt. Dabei kann euch eine Deutschlandkarte helfen. Kontrolliert, indem ihr das passende Kärtchen aufdeckt!
Achtung! Wenn ihr die Umrisse der Bundesländer mit der Schrift nach unten legt, sind sie spiegelverkehrt.

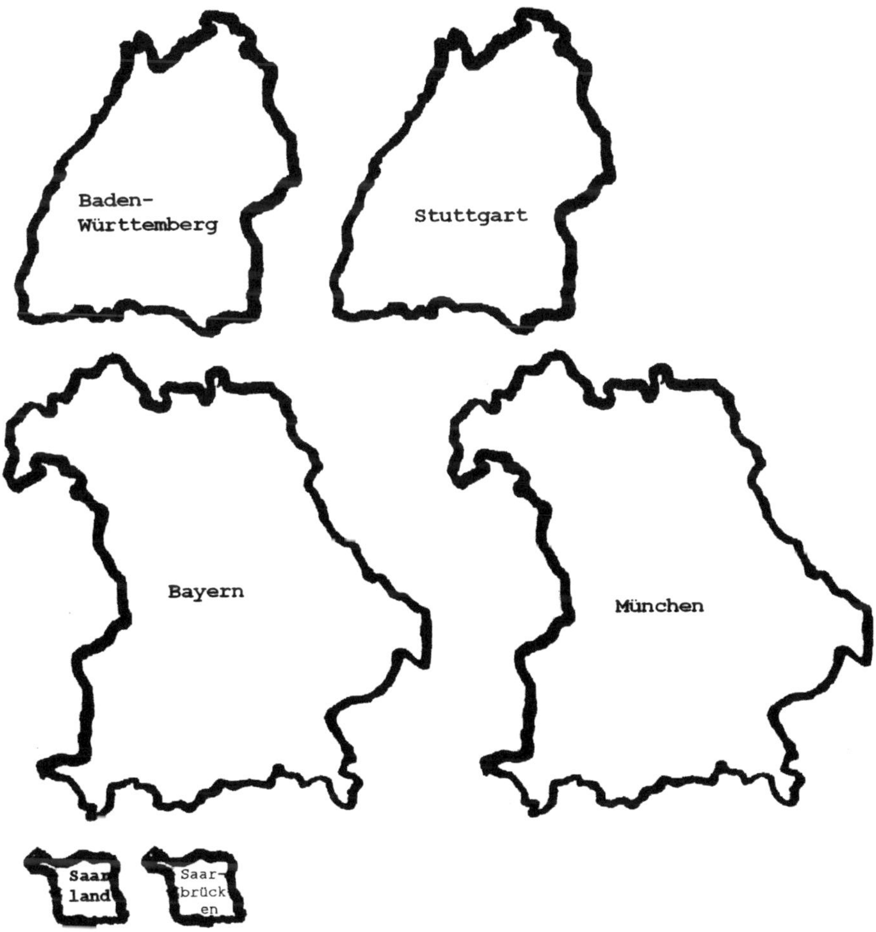

(Seite 2 von 3)

Hessen

Brandenburg

Potsdam

Wiesbaden

Mecklenburg-
Vorpommern

Rheinland-
Pfalz

Schwerin

Mainz

Thüringen

Niedersachsen

Hannover

(Seite 3 von 3)

Erfurt
Nordrhein-
Westfalen
Kiel
Düsseldorf
Sachsen
Schleswig-
Holstein
Sachsen-
Anhalt
Dresden
Magdeburg

M9

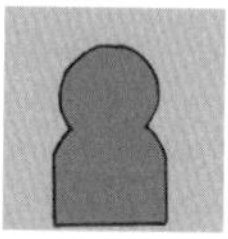

Deutschland – Quiz

Aufgabe:
→ Beantworte die Fragen und denke dir weitere aus!

Wie viele Menschen leben in der Bundesrepublik Deutschland?	
Welche beiden Länder grenzen im Osten an Deutschland?	
Welche beiden Meere sind im Norden von Deutschland?	
Wie hieß bis 1991 die Hauptstadt der Bundesrepublik Deutschland, wie heißt sie heute?	
Welches ist die zweitgrößte Stadt Deutschlands?	
Wie heißt die Währung (das Geld) in der Bundesrepublik Deutschland?	

M10

Wir bauen eine Stadt

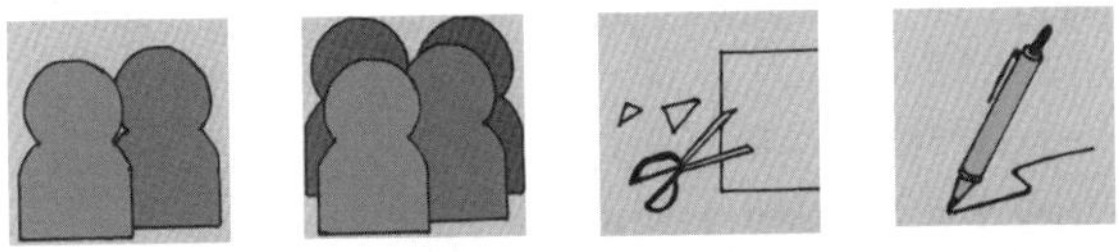

Nicht alle Menschen sind zufrieden mit dem Ort, in dem sie leben. Manche wünschen sich mehr Grünflächen, andere eine Schwimmhalle oder ein neues Kino. Vielleicht habt ihr auch schon einmal darüber nachgedacht, wie es wäre in einem anderen Ort zu leben.

Aufgabe:

➔ 1. Bringt verschieden große Kartons, Pappen von Toilettenrollen, Korken, ausgewaschene Joghurtbecher, leere Streichholzschachten, verschieden farbiges Papier, Pappen, Klebe, Schere, Tusche, Pinsel u. ä. mit! Baut mit diesen Materialien das Modell einer Stadt, in der ihr gerne wohnen würdet!

2. Fertigt vorher zusammen ein Cluster an, in dem ihr eure ersten Ideen aufschreibt!

3. Verabredet, wer was und mit wem zusammen baut!

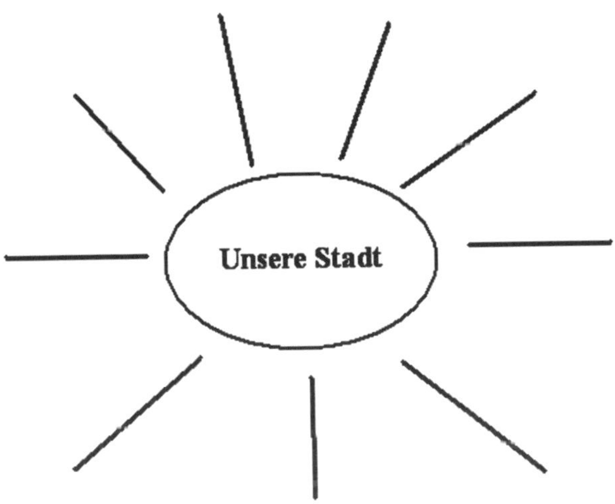

M11

Das Städteplaner-Spiel

Eine Stadt zu planen, ist nicht einfach. Die einen wünschen sich eine Schwimmhalle, andere ein großes Einkaufszentrum, wieder andere meinen, dass ein Tierpark oder Reiterhof unverzichtbar in einem Ort ist.

Aufgabe:

➔ 1. Bildet zwei Städteplaner-Teams mit 4-6 Planern!

2. Diskutiert und schreibt in einer Rangfolge von 1 – 10 auf, was es in eurer Stadt unbedingt geben muss!

1.
2.
3.
4.
5.
6.
7.
8.
9.
10.

➔ 3. Debattiert eure Rangfolge nun mit einem anderen Städteplanerteam. Dabei kommen beide Teams abwechselnd zu Wort. Versucht euch dabei auf eine gemeinsame Liste zu einigen!

4. Formuliert das Ergebnis schriftlich!

M12

Die lebende Karte: Unser Heimatort

In eurem Heimatort gibt es sicher interessante Gebäude, vielleicht auch Gewässer oder Parks, die es lohnt näher kennen zu lernen.

Aufgabe:

→ 1. Tut euch mit 8 bis 10 Kindern zusammen und überlegt, wer sich mit welchem Gebäude, Gewässer oder Park beschäftigen will.
2. Versucht dann durch das Internet, durch Bücher oder Befragungen möglichst viel darüber herauszufinden. Schreibt die Ergebnisse auf je eine Karteikarte!
3. Seht euch gemeinsam auf dem Stadtplan an, welchen Umriss euer Heimatort hat und legt ihn mit einen Wollfaden nach!
4. Seht auf dem Stadtplan nach, wo sich euer jeweiliges Objekt befindet.
5. Stellt nun eine lebende Karte, indem ihr euch dort hinstellt, wo sich dieses Gebäude usw. ungefähr befindet und lest vor, was ihr darüber herausgefunden habt!

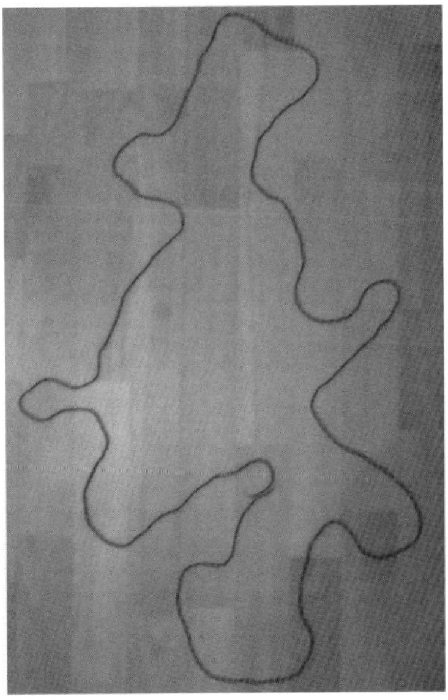

M13

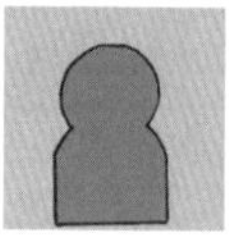

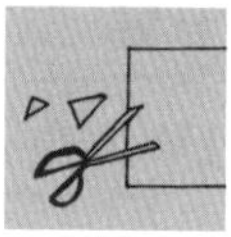

Heimatkalender

Januar	Februar	März
April	Mai	Juni
Juli	August	September
Oktober	November	Dezember

Aufgabe:

➔ Male oder zeichne auf die Kärtchen, was du besonders schön oder typisch in deinem Heimatort oder Bundesland findest. Schneide die Karten aus und fädele sie mit einer Nähnadel der Reihe nach auf einem Faden auf. Verknote die Faden-Enden. Fertig ist ein schönes Geschenk: dein Heimatkalender!

M14

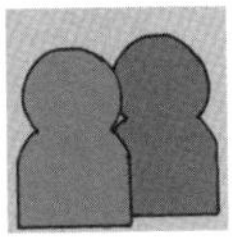

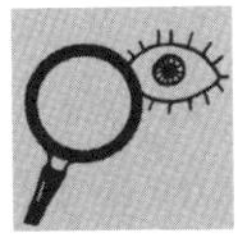

Zu Hause in Europa

In Europa leben mehr als 700 Millionen Menschen. Sie leben in 34 verschiedenen Ländern.

Aufgabe:

➔ Finde mit Hilfe einer Europa- oder Weltkarte zehn Länder heraus, die zu Europa gehören!

1.
2.
3.
4.
5.
6.
7.
8.
9.
10.

➔ Beschäftige dich mit einem Land näher und fertige einen Steckbrief an! Informiere dich zu folgenden Punkten:

- Einwohnerzahl
- Nachbarländer
- Bodenschätze
- Industrie und Landwirtschaft
- Politisches System (Wer regiert?)
- Kultur (Kleidung, Bräuche)

M15

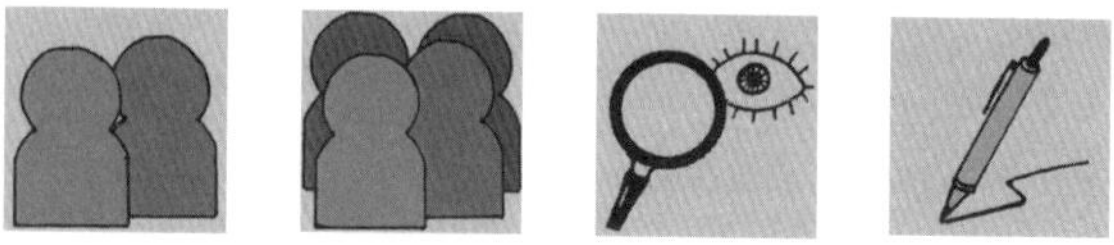

Die Kontinente der Erde

Es gibt auf der Erde 7 große Landmassen, die auch Erdteile oder Kontinente genannt werden.
Der größte Erdteil ist Asien.

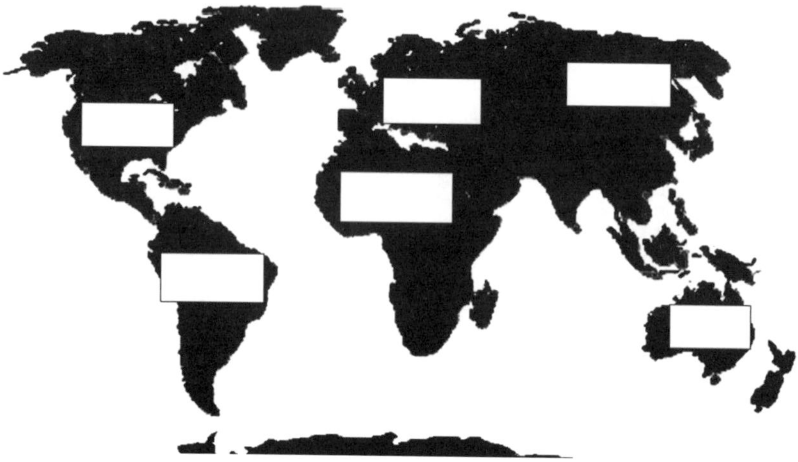

Aufgabe:

→ Tragt die Namen der Kontinente in den Kopf der Tabelle ein!
Findet mit Hilfe einer Weltkarte zu jedem Kontinent möglichst zwei Länder heraus und ordnet sie in die Tabelle ein!

Antarktis						
… ist nicht unterteilt in Länder						

M16

Das Sonnensystem der Erde

Die **Erde** gehört mit den anderen Planeten **Merkur, Venus, Mars, Jupiter, Saturn, Uranus, Neptun** und **Pluto** und der Sonne als größtem Himmelskörper zu unserem Sonnensystem. Die Sonne ist ein glühender Gasball. Sie liefert gewaltige Mengen an Wärme und Licht und ermöglicht dadurch das Leben auf der Erde.

Die 9 Planeten kreisen auf Bahnen um die Sonne. Je näher ein Planet der Sonne ist, umso schneller ist seine Geschwindigkeit.

Am nächsten steht der Sonne der ziemlich kleine **Merkur**. Er umrundet sie innerhalb von 88 Tagen.

Sein Nachbar ist der Planet **Venus**. Wenn die Venus am Morgen vor der Sonne im Osten aufgeht, sehen wir sie als „Morgenstern“. Geht sie nach der Sonne langsam im Westen unter, sehen wir sie am Abendhimmel als „Abendstern“.

Die **Erde** ist nach Merkur und Venus der von der Sonne aus betrachtet dritte Planet im Sonnensystem. Er besitzt annähernd die Gestalt einer Kugel. Als einziger Planet wohnen auf ihm Menschen und Tiere.

Während die Venus und die Erde etwa gleich groß sind, ist der nächste Planet, der **Mars**, nur halb so groß. Durch ein gutes Fernrohr kann man rötliche Flecken und geheimnisvolle Kanäle sehen.

Der 5. Planet, der **Jupiter**, ist ein Riesenplanet. Er besitzt etwa die doppelte Masse aller anderen Planeten zusammengenommen.

Deutlich kleiner aber immer noch viel größer als die Erde ist der 6. Planet. Sein Name ist **Saturn**. Er wird von mindestens 21 Monden umkreist.

Der 7. Planet, **Uranus**, gehört mit dem Jupiter und dem Saturn zu den größten Planeten. Da er weit von der Sonne entfernt ist, benötigt er 84 Jahre, um einmal die Sonne zu umrunden. Im Fernrohr erscheint der Planet in einem grünlichen Farbton.

Der vorletzte Planet, **Neptun**, umläuft die Sonne in etwa 165 Jahren.

Der letzte bisher entdeckte Planet unseres Sonnensystems ist der kleine **Pluto**.

Aufgabe:

➔ Stelle die Sonne und die Planeten unseres Sonnensystems in einer Zeichnung dar!

M17

Ein Raum, in dem das Glück wohnt

Schülerinnen und Schüler einer vierten Klasse denken über das Glück nach. Einen Raum, indem das Glück wohnt, stellen sie sich so vor:

> *„Ein Raum, indem das Glück wohnt, ist ganz hell und bunt. Es gibt darin eine Schaukel, die von der Decke hängt, große Säcke mit Süßigkeiten und einen Eisautomaten, außerdem viele Kinder und auch Tiere.“*
>
> Julia, 9 Jahre

> *„Ich stelle mir das so vor, dass es da eine Tischtennisplatte gibt und ganz viel Lego. Jedes Kind kann entscheiden, wie lange es aufbleiben darf und die Eltern müssen fragen, ob sie reinkommen dürfen.“*
>
> Marcus, 10 Jahre

> *„Ein Glücksraum hat keine Wände. Das ist am Strand. Die Sonne scheint immer. Nur manchmal drückt man auf eine Muschel und dann regnet es. Man kann baden und Sandburgen bauen.“*
>
> Maria, 9 Jahre

Aufgabe:

➔ Wie stellst du dir einen Raum vor, indem das Glück wohnt? Beschreibe ihn!
Male auch ein Bild dazu!

____

____

____

____

____

M18

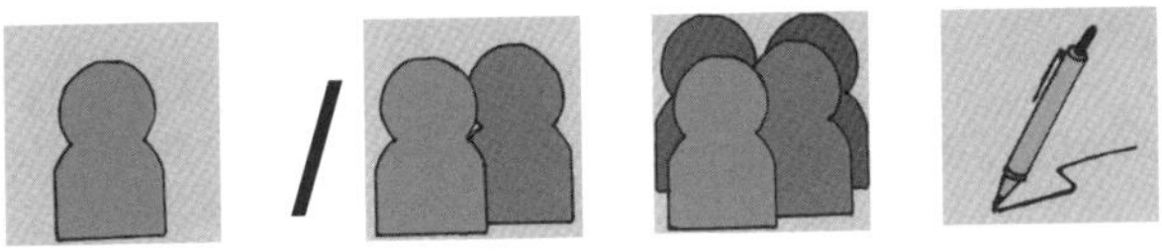

Mit dem Kompass die Richtung bestimmen

Die vier Hauptmarkierungen auf dem Kompass sind Nord, Süd, Ost und West. Die Kompassnadel ist ein winziger Magnet, der immer nach Norden zeigt. Mit dem Kompass könnt ihr bestimmen, wo sich von euch aus betrachtet Norden, Süden usw. befindet. Wenn ihr einen bestimmten Ort sucht, könnt ihr außerdem mit Karte und Kompass bestimmen, in welcher Richtung er sich befindet.

Aufgabe:

➔ Lege den Kompass auf deine flache Hand und drehe dich so lange, bis der Pfeil nach Norden zeigt.

➔ Die Richtung, in der sich ein Ort befindet, könnt ihr bestimmen, indem ihr euren Standort und euer Ziel markiert und beide Orte mit einer Geraden verbindet. Legt nun den Kompass so an euren Standort, dass er an einer senkrechten Linie ausgerichtet ist. Dreht die Karte mit Kompass, bis der Pfeil mit eurer Linie übereinstimmt. Nun könnt ihr am Rand des Kompasses ablesen, in welcher Himmelsrichtung sich euer Zielort befindet.

M19

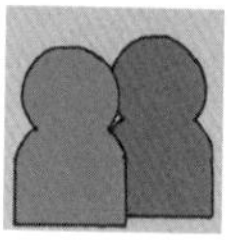  

Wohnräume einrichten

Aufgabe:

→ 1. Probiert aus, wie viele Fußlängen das Zimmer lang und breit sein soll. Setzt dazu eure Füße ganz dicht hintereinander, sodass sich die Ferse des einen und die Zehen des anderen Fußes berühren! Zeichnet dann den Grundriss des Raumes mit Kreide auf euren Schulhof.

2. Zeichnet mit einer Doppellinie im Grundriss ein, wo sich Türen und Fenster befinden sollen!

3. Überlegt als nächstes, was es alles in dem Zimmer geben soll. Die ungefähre Größe könnt ihr wieder mit euren Füßen messen. Zeichnet es in den Grundriss ein!

M20

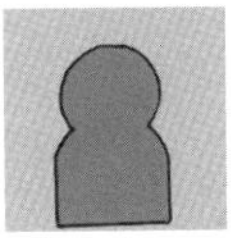

Ich will mehr wissen!

Aufgabe:

➔ Auf den Wissenskärtchen erhältst du weitere Informationen zum Thema „Räume erkunden". Lies dir für dich interessante Texte durch und notiere dir das Wichtigste in Stichpunkten.

Was ist Europa?

Europa ist ein Kontinent, zu dem insgesamt 45 Länder gehören. Europa wird weiter untergliedert in Nordeuropa, Mitteleuropa, Südeuropa, Südosteuropa und Osteuropa. Deutschland gehört zu Mitteleuropa. Außerdem gehören dazu: Belgien, Liechtenstein, Niederlande, Luxemburg, Österreich, Polen, Slowakei, Ungarn, Schweiz und Tschechien. 15 Staaten Europas sind in der Europäischen Union (EU) zusammengeschlossen, um gemeinsam ihre politischen und wirtschaftlichen Interessen zu vertreten. Besonders wichtig ist auch die gemeinsame Außen- und Sicherheitspolitik der Länder der EU. Die bedeutsamsten politischen Organisationen der EU sind das Europäische Parlament, der Ministerrat und die Kommission und der Gerichtshof der Europäischen Gemeinschaften. In Europa leben ca. 700 Millionen Menschen, die verschiedene Sprachen sprechen.

Wie wird ein Globus hergestellt?

Das Wort „Globus" bezeichnet ein verkleinertes kugelförmiges Modell der Erde. Den ältesten noch erhaltenen Globus hat ein Nürnberger Kaufmann 1492 geschaffen. Dieser Globus kann im Germanischen Nationalmuseum in Nürnberg besichtigt werden. Heute werden Globen z. B. im Columbus Verlag hergestellt. Grundlage ist eine mundgeblasene Glaskugel. Auf diese Kugel wird das Kartenbild der Erde in kleinen „Tortenstücken" aufgeklebt. Das ist nötig, damit sich die Karte der Kugelform anpassen kann. Die „Tortenstückchen" werden um die Klaskugel herum geklebt. Mit dieser handwerklichen Technik benötigt man für die Herstellung eines Globus ca. eine halbe Stunde.

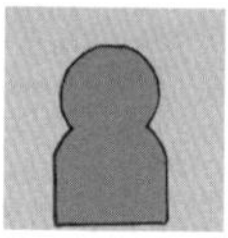 

Wer war Christopher Kolumbus?

Christopher Kolumbus war ein italienischer Seefahrer in spanischen Diensten. Er wollte einen neuen Seeweg nach Indien finden. Anders als andere Entdecker beabsichtigte Kolumbus den Weg nicht in östlicher sondern in westlicher Richtung zu finden. Columbus unternahm insgesamt drei Reisen. Da sich die spanische Königin aus dem Handel mit Indien einen großen Nutzen versprach, stellte sie die nötigen Geldmittel zur Verfügung. Im August 1492 ließ Kolumbus die Segel setzen und brach mit drei Schiffen zu seiner ersten Reise auf. Zwei Monate später kam Land in Sicht. Aber es handelte sich nicht um Indien, sondern um die Karibischen Inseln im Atlantischen Ozean. Diese Entdeckung war der erste Schritt für die spätere Besiedlung des amerikanischen Kontinents durch die Europäer.

Ein Jahr später (1493) brach Columbus mit 17 Schiffen zu seiner zweiten Reise auf und landete in Puerto Rico, einer Insel im Karibischen Meer. Auf seiner dritten Reise 1498 erreichte er schließlich mit einer großen Flotte das Amerikanische Festland, das heutige Venezuela. Dort wurde er von den Ureinwohnern, den Indianern, begrüßt.

Was ist eine Raumstation?

Eine Raumstation ist ein Raumfahrzeug, das es Menschen ermöglichen soll, sich längere Zeit im Weltraum aufzuhalten. Raumstationen haben selbst nicht die Möglichkeiten der Fortbewegung, sie sind praktisch Wohnungen im Weltraum, die darauf achten müssen, dass die Kräfte im All nicht ihren Platz verändern, denn sie müssen auf ihrer Erdumlaufbahn bleiben. Für kleine Kurskorrekturen benötigen die Astronauten in der Raumstation Kraftstoff, der ihnen von der Erde durch Raumschiffe geliefert werden muss. Auch bei der Versorgung mit Nahrungsmitteln sind die Astronauten auf Nachschub von der Erde angewiesen. Diese Versorgung übernehmen Raumtransporter, die für wiederholte Raumflüge geeignet sind. Die erste Raumstation war 1971 die sowjetische Saljut 1. Die bisher bedeutendste Raumstation war die sowjetische Station Mir, die fast 15 Jahre im Weltraum war und für die Erforschung dort genutzt wurde. Der erste Mensch im Weltraum war der Kosmonaut Juri Gagarin. Er umkreiste 1961 die Erde in einer Raumkapsel.

5.6 Literatur und Internetadressen

Für Lehrerinnen und Lehrer

Häger, Axel (1997): Kartenkunde. Stuttgart

Linke, Wolfgang (1998): Orientierung mit Karte und Kompass. Herford

Meier, R. (1986): Raum erleben- erfahren –ordnen. In: Praxis Grundschule 3/1986, S. 44–47

Röttgen, Gisela/ Müllenbruch, Margit (1997): Ort und Richtung. Wahrnehmungstraining zur Orientierungsverbesserung für Sechs- bis Achtjährige. Dortmund

Schuler, Theres (1995): Raumbezogenes Lernen. Zürich

Für Schülerinnen und Schüler

Harris, Nicholas (1994): Weltatlas für Kinder. München

Jürgens, Hans-Ulrich/Blank, Hajo (2005): Deutschland-Atlas für Kinder. Nürnberg

Langen, Annette (2006): Mein erster Felix-Atlas. Münster

Taylor, Barbara (1993): Entdecken und Experimentieren. Globus, Atlas, Landkarten. München

Aus dem Internet

http://www.goyellow.de/map?GNet_from=GG3&GNet_key=Karten%20Deutschland

http://www.labbe.de/zzzebra/index.asp?themaid=615&titelid=3172

http://www.museum.hu-berlin.de/service/kinder/konti/detail.htm

http://www.uni-oldenburg.de/roesa/europa/index.htm

http://www.nachrichtenfuerkinder.de

http://www.erdkunde-wissen.de/

http://www.br-online.de/kinder/fragen-verstehen/wissen/
(z. B.: http://www.br-online.de/kinder/fragen-verstehen/wissen/2004/00736/)

6. Freundschaft

6.1 Was man wissen sollte

Freundschaft umgangssprachlich

Unter **Freundschaft** wird **umgangssprachlich** eine zwischenmenschliche Beziehung verstanden, die auf wechselseitiger Sympathie, Zuneigung und Wertschätzung beruht.

Freundschaft in der Philosophie

In der **Philosophie** ist Freundschaft eine zentrale ethische Kategorie, die sehr unterschiedlich charakterisiert wird. So ist für **Aristoteles** Freundschaft ein moralisches Können, das eingeübt werden muss. Freundschaft gibt nach seinem Verständnis dem Leben Sinn und Stil. Für ihn ist Freundschaft zu allererst uneigennützige „wechselseitig sorgende Liebe", die sich zueinander offen bekennt. Da Freundschaft eine zwischenmenschliche Beziehung ist, die viel Aufmerksamkeit, Einfühlung und Verständnis erfordert, meint Aristoteles, dass es nicht möglich ist, viele vollkommene Freunde zu haben. Neben wenigen vollkommenen

Freundschaften hält er vielfältige unvollkommene Freundschaften für möglich, etwa zwischen Menschen, die sich weniger ähnlich sind und sich daher weniger lieben können, denn eine wichtige Voraussetzung für die Freundschaft ist für Aristoteles die Selbstliebe.

Diese aristotelische Vorstellung wird auch als „moralisches Freundschaftsverständnis" bezeichnet. Über die individuelle Bedeutsamkeit von Freundschaft hinaus ist für Aristoteles Freundschaft wichtige Voraussetzung für eine funktionierende Gesellschaft. Denn ein friedliebender und gerechter Staat setzt in diesem antiken Verständnis Menschen voraus, deren Seele nach dem Guten und Gerechten streben und sich für diese Werte aktiv einsetzen.

Anders als Aristoteles ist Freundschaft für **Epikur** in erster Linie auf einen wechselseitigen Nutzen ausgerichtet. Freundschaft sichert ein lustvolles Leben und wendet Bedrohungen und Ängste ab. Für Schmerz und andere negative Gefühle gibt es in der Freundschaft nach Epikur keinen Platz. Das epikureische Freundschaftsverständnis wird auch als „hedonistisches" bezeichnet.

Im Mittelalter wurde Freundschaft vor allem als Freundschaft zu und in Gott im Sinne christlicher Nächstenliebe charakterisiert.

Freundschaft in der Literatur

In der Literatur ist Freundschaft über die Jahrhunderte immer wieder thematisiert worden. In Homers Epos „Ilias" sind Diomedes und Glaukos, in William Shakespeares „Hamlet" Hamlet und Horatio treue Freunde. Das bekannteste Freundschaftspaar unter den Dichtern selbst sind wohl Johann Wolfgang von Goethe und Friedrich Schiller.

Freundschaft heute

Auch **heute** sind die Freundschaftsvorstellungen von Menschen sehr differenziert und kulturell geformt. Freundschaft kann Kameradschaft, kollegiale Zusammenarbeit oder Liebe bedeuten. Freundschaft scheint zunehmend eine individuelle und subjektive Kategorie zu werden.

Entwicklung von Freundschaftsvorstellungen

Für die Auseinandersetzung mit Freundschaft im Unterricht sind die neueren Erkenntnisse der **Entwicklungspsychologie** von Bedeutung. Danach entwickeln sich die Freundschaftsvorstellungen im frühen Kindesalter und werden immer komplexer und differenzierter. So empfinden 5–7Jährige Freundschaft als plötzlich eintretendes Ereignis, als nettes Miteinander ohne Streit. 8-Jährige sind sich schon stärker bewusst, dass ihr Freund oder ihre Freundin andere Sichtweisen und Bedürfnisse haben kann, jedoch wird die Anpassung an den eigenen Standpunkt erwartet. Vereinbarungen unterschiedlicher Perspektiven sind in diesem Alter nur sehr begrenzt möglich. 10-Jährige verstehen Freundschaft bereits als Prozess, der rationalen und emotionalen Schwankungen unterworfen sein kann. Sie erkennen zunehmend, dass Freundschaft von den Beteiligten aktiv mitgestaltet werden muss. Gespräche, physische und psychische Nähe und Verlässlichkeit gewinnen an Bedeutung. In diesem Alter wird Feundschaft immer mehr als spezifische Beziehung zwischen Menschen betrachtet, die durch Verständnis und Einfühlungsvermögen geprägt ist. Im weiteren Leben differenzieren sich Freundschaftsvorstellungen weiter aus, bleiben aber abhängig von den individuellen Erfahrungen und Bedürfnissen und der Reflexionsfähigkeit des Einzelnen und seinen unmittelbaren Lebensumständen.

6.2 Lernziele

In der Auseinandersetzung mit „Freundschaft“ sollen Kinder vielfältige Gelegenheiten bekommen über ihre eigenen Vorstellungen zum Thema nachzudenken. Darüber hinaus sollen sie dafür sensibilisiert werden,

- dass Freundschaft in vielfältigen Formen auftreten kann und diese Formen Beziehungen des menschlichen Zusammenlebens darstellen,
- dass Freundschaft durch die Beteiligten aktiv gestaltet werden kann,
- dass Freundschaft eng mit Eigenschaften wie Verlässlichkeit und Vertrauen verbunden ist,
- dass Freundschaften Schwankungen unterliegen können, die Einfühlung und Kommunikation erfordern,
- dass es Zeichen und Rituale der Freundschaft gibt,
- dass Freundschaft ein ethischer Wert ist, der auch für das Zusammenleben der Menschen insgesamt von Bedeutung ist,
- dass Freundschaft Gegenstand vielfältiger Auseinandersetzung in Kunst, Kultur und Gesellschaft ist.

6.3 Einführung des Themas

Für eine erste Annäherung an das Thema bietet sich eine Auseinandersetzung in kleineren Gruppen (4–5 Kinder) an. Das „Freundschaftswürfelspiel“ bietet hier gute Möglichkeiten, die Vorverständnisse der Kinder zu reaktivieren und darüber ins Gespräch zu kommen.

Spielanleitung:

- In der Mitte liegen verdeckt und gemischt Fragekärtchen auf einem Stapel.
- Es wird im Uhrzeigersinn gewürfelt, wer die höchste Zahl hat, darf beginnen.
- Die weitere Bedeutungen der Zahlen des Würfels werden besprochen:

  1 = Du bist selbst dran
  2 = der oder die rechte NachbarIn
  3 = der oder die linke NachbarIn
  4 = eine Person Deiner Wahl (ohne dass du die Karte vorher liest)
  5 = nichts geschieht oder Bonbon aus der Tüte
  6 = die Frage richtet sich an alle aus der Runde
- Es ist erlaubt Rückfragen zu stellen oder eigene Erfahrungen zu einer Frage zu sagen. Nicht erlaubt sind wertende Kommentare.
- Ziel des Spieles ist es, in ein gutes Gespräch zu kommen und nicht so schnell wie möglich alle Fragen abarbeiten!

Mögliche Fragen:

Was macht für dich eine gute Freundschaft aus?

Was könntest du einer Freundin oder einem Freund nie verzeihen?

Müssen Freunde die gleichen Dinge cool finden (Klamotten, Musik, ...)?

Was tust du, um dich nach einem Streit mit deinem Freund oder deiner Freundin wieder zu vertragen?

Würdest du für deine Freundin oder deinen Freund etwas Verbotenes tun (z. B. lügen ...)?

Freundschaft ist für mich …
Hast du schon mal deine Freundin oder deinen Freund angelogen? Hat sie oder er es herausbekommen? Wie hast du dich danach gefühlt?

Wie lange dauert schon deine längste Freundschaft?

Was tust du, damit eure Freundschaft richtig gut bleibt?

Haben dir deine Eltern schon mal eine Freundschaft verboten?

Kann man mit Tieren befreundet sein?

Wie viele richtige Freunde kann man haben?

Würdest du dir eine Freundschaft erkaufen?

Hättest du gern jemanden zum Freund, aber er oder sie will nicht?

Sind Freundschaften zwischen Jungen und Mädchen anders, als zwischen Jungen und Jungen oder Mädchen und Mädchen?

Du hast sturmfrei, was tust du mit deiner besten Freundin oder deinem besten Freund?

Sollen sich Freunde immer alles erzählen?

Würdest du es erzählen, wenn dir an deiner Freundin oder deinem Freund etwas nicht gefällt?

Hast du eine allerbeste Freundin oder einen allerbesten Freund?

Was unternimmst du am liebsten mit deiner Freundin oder deinem Freund?

6.4 Aufbau der Stationen – Übersicht

Pflichtaufgaben	**Wahlpflichtaufgaben** (eine Aufgabe von zweien muss gewählt werden)	**Wahlaufgaben** (freiwillige Zusatzaufgaben)
Station 1 *Was ist Freundschaft?* **(M1)**	Station 6 *Freundschaft auf chinesisch* **(M6)** Station 7 *Freundschafts-Elfchen schreiben* **(M7)**	Station 16 *Freundschafts-Texttheater* **(M16)**
Station 2 *Freundschaftstest nach Aristoteles* **(M2)**	Station 8 *Redensarten über Freundschaft* **(M8)** Station 9 *Berühmte Freunde* **(M9)**	Station 17 *Eine Umfrage zu Freundschaft durchführen* **(M17)**
Station 3 *Gedankenexperimente* **(M3)**	Station 10 *Freundschaft in der Fabel* **(M10)** Station 11 *Freundschaft im Märchen* **(M11)**	Station 18 *Freundschaftsbänder basteln* **(M18)**
Station 4 *Ich mag dich! – Steckbrief* **(M4)**	Station 12 *Gefühle pantomimisch ausdrücken* **(M12)** Station 13 *Gefühle mit Farben darstellen* **(M13)**	Station 19 *Reizwortgeschichten schreiben* **(M19)**
Station 5 *Proben der Freundschaft (Fallbeispiele)* **(M5)**	Station 14 *Ein stummes Gespräch über Freundschaft führen* **(M14)** Station 15 *Fortsetzungsgeschichten schreiben* **(M15)**	Station 20 *Ich will mehr wissen!* **(M20)**

6.5 Materialien

M1

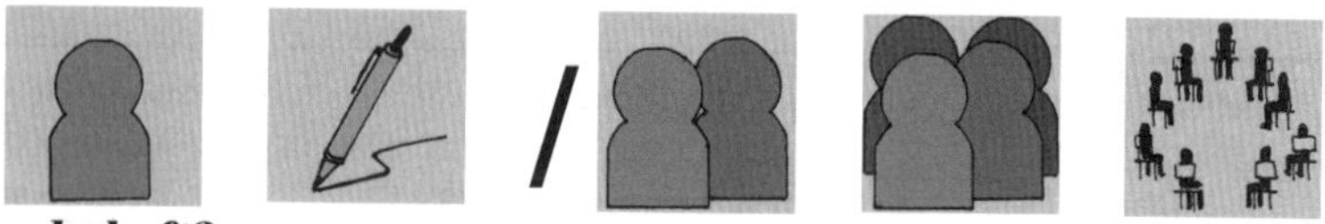

Was ist Freundschaft?

Aufgabe:

→ Überlege, was Freundschaft für dich bedeutet und kreuze an! Diskutiert anschließend zu zweit oder in kleinen Gruppen über eure Meinungen!

	stimmt	**stimmt nicht**	**weiß nicht**
Freunde helfen sich.			
Freunde würden füreinander stehlen.			
Freunde haben immer füreinander Zeit.			
Freundschaft hält ewig.			
Mit einem Tier kann man nicht befreundet sein.			
Freunde haben gemeinsame Hobbys.			
Freunde belügen sich niemals.			
Freundschaft kann man nicht kaufen.			
Freundschaft muss man besiegeln.			
Mit einem Menschen, den man noch niemals gesehen hat, kann man nicht befreundet sein.			
Man kann nicht viele Freunde haben.			
Jeder Mensch braucht Freunde.			
Einem Freund muss man verzeihen können.			

M2

Freundschaftstest nach Aristoteles

Zu allen Zeiten haben sich Menschen Gedanken über Freundschaft gemacht. So auch der griechische Philosoph Aristoteles, der etwa vor 2300 Jahren lebte. Er unterschied zwei Formen von Freundschaft: die vollkommene und die unvollkommene Freundschaft. Er war der Meinung, dass ein unvollkommener Freund nicht alle Eigenschaften eines vollkommenen Freundes haben müsse, dass bei einem unvollkommenen Freund z. B. schon mal eine Notlüge erlaubt sei. Ein vollkommener Freund zeichnet sich nach seiner Auffassung aber besonders aus.

Aufgabe:

→ Teste dich selbst, ob du so ein vollkommener Freund sein kannst!

1. *Nimmst du dir für deine Freundin oder deinen Freund Zeit, auch wenn du nicht darum gebeten wirst?*
2. *Bemühst du dich immer darum, deine Freundin oder deinen Freund zu verstehen?*
3. *Bist du immer hilfsbereit?*
4. *Bist du immer aufrichtig?*
5. *Liebst du deine Freundin oder deinen Freund wie dich selbst?*

→ Zu welchem Ergebnis bist du gekommen? Formuliere es!

____

____

____

→ Was hältst du von diesem Freundschaftstest? Begründe deine Meinung!

____

____

____

____

____

M3

Gedankenexperimente

Gedankenexperimente sind Reisen der Phantasie. Sie gehen von Annahmen aus, die ungewöhnlich sind und fordern dazu auf etwas als „Was wäre, wenn ...?“ zu denken. Lass die folgenden Gedankenexperimente in Ruhe auf dich wirken und schreibe auf, was dir dazu einfällt!

Aufgabe:

→ Stelle dir vor, es gäbe keine Freundschaft. Wie würde unsere Welt dann aussehen?

____

____

____

____

→ Was wäre, wenn alle Menschen miteinander befreundet wären?

____

____

____

____

→ Stelle dir vor, es gäbe eine Freundesvermittlungsstelle, bei der man angibt, was man für einen Menschen zum Freund haben möchte. Würdest du auf die Hilfe dieser Stelle zurückgreifen? Begründe!

____

____

____

____

M4

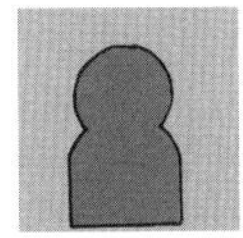

Ich mag dich! – Steckbrief

Aufgabe:
➔ Schreibe und gestalte einen Freundschafts – Steckbrief!

So sieht meine beste Freundin oder mein bester Freund aus:

Name:

Geburtstag:

Haarfarbe:

Augenfarbe:

Stärken:

Schwächen:

Hobbys:

Was ich ihm wünsche:

M5

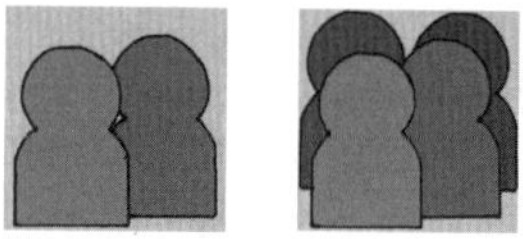

Proben der Freundschaft (Fallbeispiele)

Peter hat sich mit Frank zum Fußball verabredet. Er wartet fast eine Stunde, aber Frank kommt nicht. Er hat sich stattdessen mit Kay verabredet. Die beiden wollen Computer spielen.

Aufgabe:

→ 1. Diskutiert, ist Frank ein guter Freund?
2. Wie sollte sich eurer Meinung nach Peter verhalten?

Sandra hat Marina vor einem Monat ihr Lieblingsarmband ausgeliehen. Es war verabredet, dass sie es am nächsten Tag zurückbekommt. Wenn sie Marina darauf anspricht, sagt sie immer: „Ich habe es heute vergessen."

Aufgabe:

→ 1. Ist Marina eine gute Freundin?
2. Ist Sandra eine gute Freundin?
3. Welche Gründe könnte es dafür geben, dass Marina das Armband nicht zurückgibt?
4. Wie sollte sich eurer Meinung nach Sandra verhalten?

Lucas und Corinna kennen sich seit dem Kindergarten und sind seit langem gute Freunde. Corinna findet, dass sich Lucas, seitdem sie in der dritten Klasse sind, merkwürdig verhält. Er will mit ihr in den Pausen nicht mehr zusammen sein und auch nicht mehr neben ihr sitzen. Morgen will Corinna nun endlich mit Lucas reden.

Aufgabe:

→ 1. Habt ihr eine Erklärung dafür, warum sich Lucas so verhält?
2. Spielt das Gespräch zwischen Lucas und Corinna mit verteilten Rollen!

M6

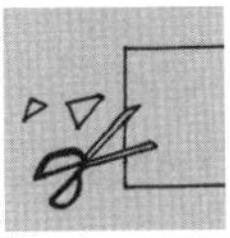

Freundschaft auf Chinesisch

Da die chinesische Sprache ganz anders aufgebaut ist als unsere, kann man das Wort „Freundschaft" nicht direkt übersetzen.

Das Wörterbuch bietet 3 Möglichkeiten an:

a) lieber Freund (man zeigt Gefühl),
b) guter Freund (man zeigt Gefühl und steht sich bei),
c) vertrauter Freund (man vertraut sich außerdem auch Geheimnisse an).

Und so sieht die Schriftsprache aus:

a) you-ai = Freund-Liebe 友爱

b) you-hao = Freund-gut 友好

c) you-yi = Freund-vertraut 友誼

Aufgabe:

➔ 1. Bastele Karten für liebe, gute und vertraute Freunde und verziere das Deckblatt mit der chinesischen Schrift!

2. Schreibe deinen Freunden kleine Botschaften, wie z. B.

Lieber Lucas,
ich bin froh, dass du mein Freund bist!
Dein Peter

M7

Freundschafts-Elfchen schreiben

Elfchen sind Gedichte, die aus elf Wörtern bestehen. Eine Variante, Elfchen zu schreiben ist:

1. Zeile = das Wort „Du“
2. Zeile = zwei Wörter
3. Zeile = drei Wörter
4. Zeile = vier Wörter, 1. Wort „Ich“
5. Zeile = das Wort „Freundschaft“

Hier zwei Beispiele:

Du
Immer da
Freundlich, zuverlässig, gut
Ich bin so froh
Freundschaft

Du
niemals gemein
immer gute Ideen
Ich find das toll
Freundschaft

Aufgabe: ➔ Schreibe Freundschafts-Elfchen!

Vielleicht gefallen dir Reime besser? Versuche es mit einem Paarreim! Dabei reimen sich immer zwei aufeinander folgende Zeilen. Die Anzahl der Strophen bestimmst du.

Auch dafür ein Beispiel:

Freundschaft

Wenn zwei Kinder sich verstehen
Und gemeinsame Wege gehen
Zusammen auch spielen
Und sich nicht aus den Augen verlieren
Dann ist das fein
Keiner ist allein.

Aufgabe: ➔ Dichte Paarreime zum Thema „Freundschaft“!

M8

Redensarten

Aufgabe:

➔ Überlege, was mit den Redensarten gemeint sein könnte! Bilde zu jeder Redensart einen eigenen Satz!

Redensart	**Beispielsatz**
Freundschaft ist eine langsam wachsende Blume	z. B. Sich anfreunden braucht Zeit.
Man kommt in der Freundschaft nicht weit, wenn man nicht bereit ist, kleine Fehler zu verzeihen.	
Der beste Weg, einen Freund zu haben, ist der, selbst einer zu sein.	
Freundschaft, die nicht traut, ist auf Sand gebaut.	
Ein Freund ist ein Mensch, auf den man sich gerade in schwierigen Situationen verlassen kann.	
Man kann nicht viele beste Freunde haben.	
Freunde gehen durch dick und dünn.	
Kleine Geschenke erhalten die Freundschaft.	

M9

Berühmte Freunde

www.goethezeitportal.de/index.php?id=808

Johann Wolfgang von Goethe und Friedrich Schiller waren zwei große deutsche Dichter, die vor ca. 200 Jahren eine tiefe Freundschaft verband. Sie lebten beide in Weimar und haben viele berühmte Werke, vor allem Theaterstücke, geschrieben. Im hohen Alter, viele Jahre nach dem Tod des Weggenossen, hat Goethe verschiedentlich vor aller Öffentlichkeit die Bedeutung der freundschaftlichen Zeit mit Schiller gewürdigt. Ein Tagebucheintrag von Goethe nach dem frühen Tod des Freundes könnte vielleicht folgendermaßen lauten:

Wie habe ich früher Szene um Szene mit Schiller besprochen. Sein Talent war recht fürs Theater geschaffen. So genau, wie er die Personen beschrieb, wie er Charaktere einander begegnen ließ, so aufrichtig und ernsthaft war er auch in der Freundschaft. Es ist lächerlich, dass das Publikum nun schon seit zwanzig Jahren streitet, wer größer sei, Schiller oder ich. Sie sollten sich freuen, dass es immer mal wieder ein paar Kerle gibt, worüber sie streiten können. Dabei waren wir beide bei aller Gleichheit unserer Kunst, Naturen sehr verschiedener Art. Schiller war zielstrebiger, viel härter mit sich. Während ich auf neue Ideen warte-te, gab sich Schiller das Schreiben wie eine Hausaufgabe auf und zwang sich zur Begeisterung. Ohne Unterlass schrieb er, diskutierte seine Entwürfe, verbesserte oder verwarf. Ein Geist, der sich keine Pause gönnt. Das schwächte ihn und rieb ihn allzu früh auf. Schiller wäre noch unendlich höher gestiegen, wenn er länger gelebt hätte. Man hat mich oft getadelt, dass ich in unserem Theater keine Trauerfeier für ihn gehalten habe. Wie konnte ich das? Ich war vernichtet! Zu groß war der Verlust! Er fehlt mir, der Freund! Trotz oder gerade wegen unseres völlig entgegen gesetzten Charakters hat unsere Freundschaft uns beide vorangebracht. Jeder blieb ganz er selbst, solange, bis wir uns wieder gemeinschaftlich zu einem Denken und Tun vereinigen konnten.

(fiktiver Tagebucheintrag von Silke Pfeiffer)

Aufgabe:

1. Unterstreicht im Text wichtige Merkmale der Freundschaft zwischen den beiden Dichtern!
2. Vergleicht die beschriebene Freundschaft mit euren eigenen Erfahrungen!
3. Recherchiert im Internet und in Büchern zum Leben und Werk von Goethe und Schiller!
4. Fertigt mit euren Ergebnissen ein Poster an!

M10

Freundschaft in der Fabel

Der Adler und der Fuchs (nach Aesop)

Der Adler wohnte auf einer hohen Eiche und der Fuchs hatte unten an ihrem Stamm seinen Bau. Durch die enge Nachbarschaft der beiden Tiere entwickelte sich über die Zeit eine Freundschaft. Aber ach, wie wenig aufrichtig war sie!

Eines Abends ging der Fuchs auf Raubzug und ließ seine Jungen im Bau zurück. Gerade an diesem Tag hatte der Adler nichts erbeuten können und mit seinen Jungen fasten müssen. So nutzte er die Gelegenheit, schnappte sich die jungen Füchse und bereitete sich und seinen Jungen ein vorzügliches Mal. Als der Fuchs zurückkehrte und seine Jungen nicht vorfand, ahnte er sogleich den Frevel.

Vom Schmerz um den Verlust getrieben und erzürnt über die Verletzung der Freundschaft begann der Fuchs den Adler, der nun zu seinem ärgsten Feind geworden war, zu beschimpfen. Da dies keine Linderung brachte, flehte er in seiner Not die Götter an, den Adler zu strafen. Ruhig, mit höhnischer Miene, schaute dieser auf den erbitterten Fuchs und ahnte nicht, dass so schnell die verdiente Strafe folgen würde.

In der Nachbarschaft war nämlich ein Fest, und die Landleute brieten Fleisch am Feuer. Da flog der Adler hinzu, raubte nach seiner Gewohnheit ein Stück und trug es in sein Nest. Aber an einem Stück Fleisch war glimmende Asche hängen geblieben. Das Nest des Adlers fing schnell Feuer und auch der Adler verlor alles, was er hatte.

(neu erzählt von Silke Pfeiffer)

Aufgabe:

→ Diskutiert,

1. welcher Art könnte die Freundschaft zwischen Adler und Fuchs am Anfang der Geschichte sein? Kennt ihr auch solche Freundschaften?
2. Warum werden die beiden Tiere Feinde? Seht ihr im übertragenen Sinne Parallelen zu Freundschaften zwischen Menschen?
3. Ist das Ende der Fabel gerecht?

M11

Freundschaft im Märchen

Die Bremer Stadtmusikanten (nach den Brüdern Grimm)

Es waren einmal ein Esel, ein Hund und eine Katze, die waren in die Jahre gekommen und für die Arbeit immer untauglicher geworden. Deshalb hatten ihre Herren sie aus dem Futter schaffen wollen. Aber die klugen Tiere hatten das Unheil gewittert und sich auf die Wanderschaft begeben. Dort trafen sie einander. Der Esel hatte als erster die Idee: „Wisst ihr was“, sprach der Esel, „ich gehe nach Bremen und werde dort Stadtmusikant. Kommt mit und werdet auch Musikanten. Ich spiele die Laute, du, Hund, spielst die Pauke und du, Katze, miaust dazu.“ Hund und Katze waren zufrieden, und sie gingen weiter. Da trafen sie auf einen Hahn, der saß auf einem Tor und schrie aus Leibeskräften. „Du schreist einem durch Mark und Bein“, sprach der Esel, „was ist passiert?“ „Da hab ich gut Wetter prophezeit“, sprach der Hahn, „aber weil morgen zum Sonntag Gäste kommen, so hat die Hausfrau doch kein Erbarmen und will mich schlachten.“ „Ach was“, sprach der Esel, „etwas Besseres als den Tod findest du überall; du hast eine gute Stimme, komm mit uns“. Der Hahn ließ sich den Vorschlag gefallen, und sie gingen alle viere zusammen fort. Sie konnten aber die Stadt Bremen in einem Tag nicht erreichen und kamen abends in den Wald, wo sie übernachten wollten. Der Hahn setzte sich in die Spitze des Baumes um zu schlafen. Vorher sah er sich noch einmal nach allen vier Winden um. Da war ihm, als sehe er ein Licht und sprach zu seinen Kameraden: „So müssen wir uns aufmachen und noch hingehen, denn hier ist die Herberge schlecht.“ Also machten sie sich auf den Weg nach der Gegend, wo das Licht war und sahen es bald heller schimmern, bis sie vor ein hell erleuchtetes Räuberhaus kamen. Der Esel, als der größte, näherte sich dem Fenster. „Was siehst du, Grauschimmel?“ fragte der Hahn. „Einen gedeckten Tisch mit schönem Essen und Trinken und Räuber sitzen daran und lassen's sich wohl sein.“ „Das wäre was für uns“, sagten die Tiere. Sie ratschlagten, wie sie es anfangen müssten, um die Räuber hinauszujagen, und fanden endlich ein Mittel. Der Esel musste sich mit den Vorderfüßen auf das Fenster stellen, der Hund auf des Esels Rücken springen, die Katze auf den Hund klettern und endlich flog der Hahn hinauf und setzte sich der Katze auf den Kopf. Wie das geschehen war, fingen sie auf ein Zeichen an, ihre Musik zu machen: der Esel schrie, der Hund bellte, die Katze miaute und der Hahn krähte. Dann stürzten sie durch das Fenster in die Stube hinein, dass die Scheiben klirrten. Die Räuber fuhren bei dem entsetzlichen Geschrei in die Höhe, meinten nicht anders, als ein Gespenst käme herein, und flohen in größter Furcht in den Wald hinaus. Da setzten sich die vier Gesellen an den Tisch, nahmen mit dem vorlieb, was übrig geblieben war, und aßen, als wenn sie vier Wochen hungern sollten.

(neu erzählt von Silke Pfeiffer)

Aufgabe:

➔ 1. Lest das Märchen mit verteilten Rollen!

➔ 2. Diskutiert, ob der Esel, der Hund, die Katze und der Hahn Freunde sind!
Fertigt dazu ein Cluster an, indem ihr „Freundschaft“ in die Mitte schreibt und die Merkmale von Freundschaft, die erfüllt sind, drum herum!

M12

Gefühle pantomimisch ausdrücken

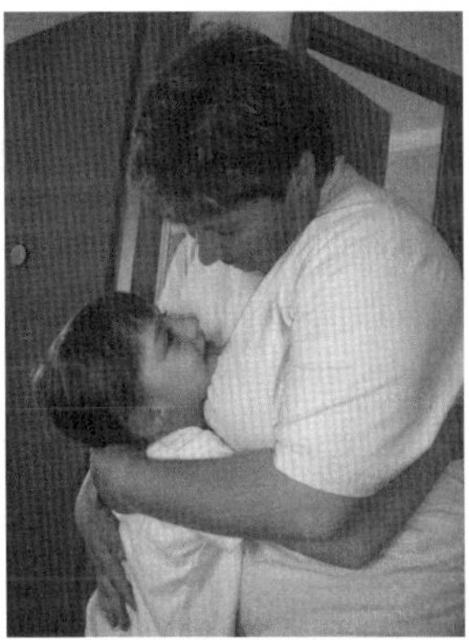

Aufgabe:

→ 1. Schreibt unter die Fotos, welche Gefühle hier dargestellt sind!

2. Stellt abwechselnd Gefühle pantomimisch (nur mit Gesten, ohne Sprache) dar und versucht herauszufinden, um welche Gefühle es sich handelt!

M13

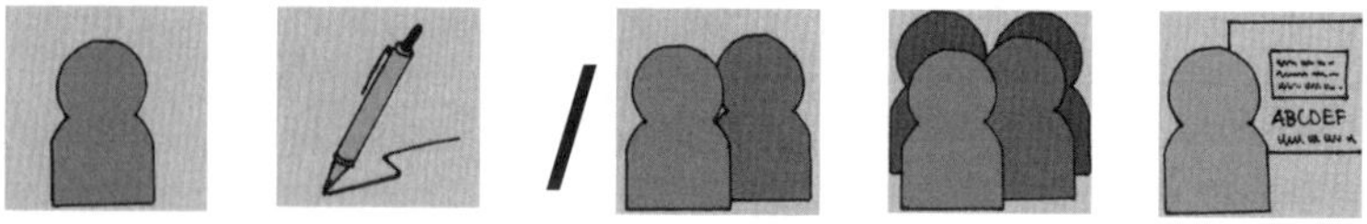

Gefühle mit Farben darstellen

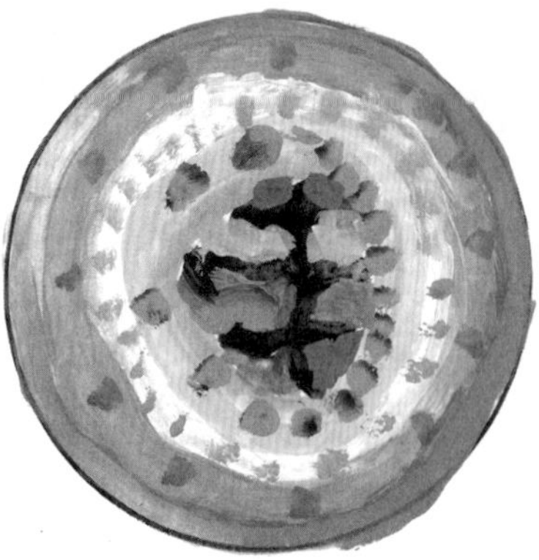

„Das ist das Gefühl 'Vorfreude', z. B. wenn am nächsten Tag mein Geburtstag ist. Da bin ich ein bisschen aufgeregt und denke so dies und das: Ob ich wohl das Geschenk bekomme, was ich mir wünsche? Ob wohl alle zu meiner Geburtstagsfeier kommen?"

„Ich habe gemalt, wie ich mich fühle, wenn ich mit meiner besten Freundin spiele. Das macht immer ganz viel Spaß."

Aufgabe:

➔ 1. Überlege zuerst, welches Gefühl du darstellen willst?
2. Wähle dann geeignete Farben aus!
3. Stelle das Gefühl mit Farben dar!
4. Stellt euch gegenseitig eure Gefühlsbilder vor!

M14

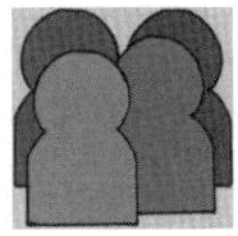

Ein stummes Gespräch über Freundschaft führen

Ein stummes Gespräch, ist ein Gespräch, bei dem man seine Gedanken zu einem Sachverhalt schriftlich mitteilt. Dabei können die Schreiber auf vorherige Äußerungen Bezug nehmen, z. B. dazu Fragen stellen, oder einfach ihre Meinung mitteilen.

Aufgabe: ➔ Schreibt folgende drei Äußerungen auf drei große Blätter!

Freundschaft ist eine Verbindung zwischen Menschen, die sich besonders mögen.

Das finde ich auch. Ich frage mich nur manchmal, warum sich manche Menschen mögen und andere nicht. (Peter)

Vielleicht hat das etwas damit zu tun, ob man gemeinsame Interessen hat. (Lucas)

Ohne Freundschaften ist das Leben langweilig. Die meisten Dinge im Leben machen mit Freunden zusammen mehr Spaß.

Freundschaften können manchmal sehr kompliziert und anstrengend sein. Deshalb muss man sie nicht zu ernst nehmen.

➔ Schreibt eure Meinung zu den Aussagen auf!

M15

Fortsetzungsgeschichten schreiben

Fortsetzungsgeschichten sind Texte, die an ihrem Höhepunkt abbrechen, d. h. denen die „Lösung" fehlt. Hier findest du zwei angefangene Geschichten. Lies sie dir zunächst in Ruhe durch!

Geschichte 1

Uta hat bald ihren zehnten Geburtstag. Sie freut sich sehr darauf und will alle ihre Freundinnen einladen: Birgit, Sabine, Nele, Melle, Franziska, Corinna, Anna und Birthe. Als ihre Mutter den Vorschlag macht, im Bootshaus zu feiern, ist Uta begeistert. Dann würden sie am Wasser spielen können und vielleicht würde der Vater mit ihnen auch mit dem Boot rausfahren. Sie könnten Angeln und vielleicht würden die Eltern sogar erlauben, dass sie im Bootshaus übernachten. Als Uta ihrer Mutter erzählt, wen sie alles einladen und was sie mit ihren Freundinnen unternehmen möchte, ist die Mutter nicht begeistert. „Uta", sagt sie, „acht Kinder sind zu viel. Mit sechs sind wir einverstanden." Uta ist verzweifelt. Sie hat doch mit allen schon über ihren Geburtstag gesprochen. Da hat sie eine Idee ...

Geschichte 2

Dirk und Tim verstehen sich gut, obwohl sie grundverschieden sind. Während Dirk in seiner Freizeit meist Fußball spielt, ist Tim eher ein „Bücherwurm". Fast immer sieht man ihn mit einem Buch in der Hand. Aber in der Schule sitzen Dirk und Tim nebeneinander. In den Pausen berichtet Dirk von seinem letzten Punktspiel und Tim gibt den Inhalt des zuletzt gelesenen spannenden Krimis wieder. Ole geht in die Klasse der beiden. Er bewundert Dirks Fußballkünste und möchte gern sein Freund sein. „Was findet der bloß an diesem Langweiler Tim", denkt er oft. Er hat auch schon eine Idee, wie er Tim gegenüber Dirk madig machen kann, sodass Dirk endlich sein Freund wird. Am nächsten Tag ...

Aufgabe:

➔ 1. Wähle einen Geschichtenanfang aus und klebe ihn auf liniertes Papier!
2. Schreibe die Geschichte weiter!
3. Überlege dir eine Überschrift zu deiner Geschichte!

M16

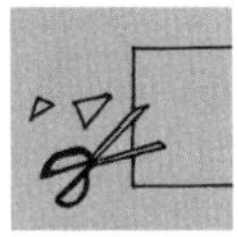

Freundschafts-Texttheater

Beim Texttheater überlegen sich 6 -8 Kinder je eine kurze Äußerung (Sätze, Ausrufe, Wörter) zu einem Thema oder einer Fragestellung. Diese Aussagen schreiben sie auf kleine Zettel. Außerdem gibt es eine Dirigentin oder einen Dirigenten, die oder der zunächst alle Kinder ihre Aussage vorlesen lässt. Anschließend gibt diese Person den Kindern den Einsatz, d. h. sie entscheidet, welches Kind, wann drankommt, ob es die Aussage einmal oder mehrmals liest, in welcher Reihenfolge vorgetragen wird usw.

Freund gesucht

Es lebe die Freundschaft

Freunde streiten nie

Aufgabe:

→ 1. Überlegt euch in Gruppen Aussagen zum Thema „Freundschaft“ und verteilt sie so, dass jedes Kind einen Text hat!
2. Übt, die Aussagen ausdrucksvoll vorzutragen! Versucht dabei unterschiedliche Variationen einzustudieren, z. B. „Freunde streiten nie!“ „Freunde streiten nie?“
3. Bestimmt euren Dirigenten!
4. Stellt euch in einer Reihe auf und lasst euren Dirigenten mit euch das Texttheater einstudieren!
5. Führt es vor der ganzen Klasse auf!

M17

Eine Umfrage zu Freundschaft durchführen

Es ist sicher interessant, herauszufinden, welche Vorstellungen andere Menschen, Kinder und Erwachsene, von Freundschaft haben. Wenn ihr eine Umfrage durchführen wollt, müsst ihr vorher einen Fragenkatalog zusammenstellen. Dabei kann es z. B. um solche Fragen gehen:

Wie viele Freunde hast du?

Hast du einen besten Freund / eine beste Freundin?

Wie hast du deinen Freund / deine Freundin kennen gelernt?

Wurde eure Freundschaft schon einmal auf die Probe gestellt? Wenn ja, wie?

Aufgabe:

➔ 1. Überlegt in Gruppen, wen ihr befragen wollt?
2. Denkt euch anschließend Fragen aus, die ihr der Person stellen wollt und schreibt sie auf!
3. Verabredet einen Termin für die Befragung!
4. Überlegt euch, wie ihr das Gespräch aufzeichnen wollt, z. B. mit Tonband oder Videokamera!
5. Führt die Befragung durch!
6. Schreibt ein Protokoll mit den interessantesten Fragen und Antworten!
7. Stellt die Ergebnisse in der Klasse vor!

M18

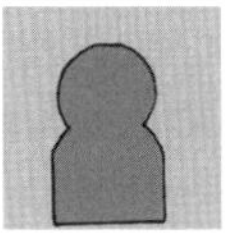

Freundschaftsbänder basteln

Mit dieser Technik kannst du Freundschaftsbänder herstellen. Das Grundprinzip ist äußerst einfach und die Herstellung sehr günstig, da man lediglich etwas Bast benötigt. Du kannst so viele Farbstränge miteinander verarbeiten, wie du möchtest. Im Folgenden wurden die Farben rot und gelb verwendet.

Anleitung:

1. Lege die Stränge ordentlich aufeinander und verknote sie genau in der Mitte. Drücke den Knoten so zurecht, dass die Farben abwechselnd liegen. Es ist egal, mit welcher Farbe du beginnst. Im Beispiel wurde mit rot angefangen. Lege den gewählten Strang über den rechten Nachbarn – im Beispiel: rot über grün. Am einfachsten geht das (für Rechtshänder), wenn du den Strang mit der rechten Hand drüber legst und die Überkreuzung mit dem linkem Daumen und Zeigefinger festhältst.

2. Nun wird der grüne Strang genommen und auf die gleiche Art und Weise über seinen rechten Nachbarn gelegt. Im gezeigten Beispiel also der grüne über den rechts liegenden roten. Nicht verwirren lassen: der grüne Strang liegt nun über zwei roten, weil im Schritt vorher ja der erste rote über den grünen nach rechts gelegt wurde. Im nächsten Schritt passiert wieder genau das Gleiche: der zweite rote nach rechts über den zweiten gelben.

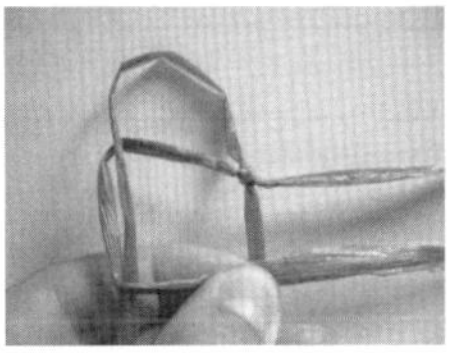

3. Und noch einmal der gleiche Vorgang. In diesem Beispiel ist die Runde beendet und der gelbe Strang wird durch die Schlaufe, die der erste rote bildet, hindurch geführt. Nun ziehe gleichmäßig an den vier Enden, so dass sich die Schlaufen immer enger zusammenziehen, bis es nicht mehr fester geht. Das war die erste Runde. Die folgenden funktionieren genauso: Immer den linken Strang über den rechten legen, das alles einmal rundherum und schließlich gleichmäßig und fest anziehen. Im Laufe der Zeit entsteht so ein rundes Band mit Muster.

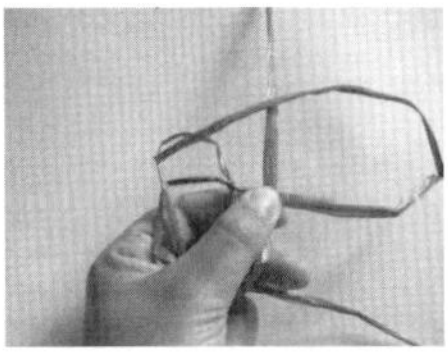

4. Das Freundschaftsband kannst du deiner Freundin oder deinem Freund als Zeichen eurer Freundschaft schenken.

M19

Reizwortgeschichten schreiben

Bei Reizwortgeschichten sind nur wenige Wörter vorgegeben. Sie müssen in der Geschichte alle vorkommen, aber nicht in der angegebenen Reihenfolge. Drum herum kann natürlich jede Menge dazu erfunden werden.

Ansgar und Nele – Ferien – Mut – Pferde – Tierarzt

Klassenfahrt – Mutprobe – Notarzt – Besuch im Krankenhaus

Peter und Lucas – Hausaufgaben – Zensur – Herr Meier – Aussprache

Blitz und Donner – Weg verloren – ein Hund – eine Wunderblume

Aufgabe:

➔ Wähle ein Reizwortquadrat aus und erzähle mit den Wörtern eine Geschichte zum Thema „Freundschaft“!

➔ Stelle selbst Reizwörter für zwei oder drei Freundschafts-Geschichten zusammen!

M20

Ich will mehr wissen!

Aufgabe:

➔ Auf den Wissenskärtchen erhältst du weitere Informationen zum Thema „Freundschaft“.
Lies dir für dich interessante Texte durch und notiere dir das Wichtigste in Stichpunkten.

Was verstanden die Philosophen Aristoteles und Epikur unter Freundschaft?

Aristoteles war ein Philosoph in der Antike. Er vertrat die Ansicht, dass Freundschaft ein ganz besonderer Wert ist, den man nicht hoch genug schätzen kann. Freunde kennen sich gut und sind immer füreinander da. Aristoteles spricht bei der vollkommenen Freundschaft auch von Liebe. Ein wahrhafter Freund zu sein, muss man seiner Meinung nach lernen und man muss sich selbst lieben, um andere Menschen lieben zu können. Freundschaft ist selbstlos, d. h. ich gebe für den Freund mein Bestes und erwarte keine Gegenleistung. Aristoteles war der Auffassung, dass man nur wenige vollkommene Freunde haben kann, da man vielen nicht gerecht werden könnte. Daneben gibt es unvollkommene Freundschaften, die mit weniger hohen Maßstäben eingeschätzt werden. Dazu gehören Kameradschaften oder reine Nützlichkeitsfreundschaften.

Der Philosoph Epikur unterscheidet keine verschiedenen Grade von Freundschaft. Für ihn ist der Nutzen einer Freundschaft wichtig. Freundschaft schützt vor Leid und Einsamkeit. Ihr Ziel ist es, Vergnügen und Lust zu bereiten. Schmerz und Kummer haben in ihr keinen Platz.

Was ist eine Brieffreundschaft?

Von einer Brieffreundschaft spricht man, wenn zwei Personen sich über einen längeren Zeitraum regelmäßig Briefe schreiben und dabei, ähnlich wie im persönlichen Gespräch, ihre Gedanken und Gefühle austauschen. Auch das Austauschen von E-Mails kann als Brieffreundschaft verstanden werden. In diesem Falle können mehrere Personen gleichzeitig an dem Austausch teilhaben. Außerdem können über das Internet leichter Brieffreundschaften zu bestimmten Themen angebahnt werden.

Was bedeutet es, wenn Länder miteinander befreundet sind?

Ein Beispiel dafür sind die freundschaftlichen Beziehungen zwischen Namibia und der Bundesrepublik Deutschland, die sich seit der Unabhängigkeit Namibias 1990 entwickelt haben. Diese Freundschaft wird durch zahlreiche Beschlüsse, Partnerschaften zwischen namibischen und deutschen Städten und Besuchen von Politikern verwirklicht. Die deutsche Regierung unterstützt Namibia im Kampf gehen Armut und Arbeitslosigkeit, beim Aufbau der Wirtschaft und bei der weiteren Ausgestaltung einer demokratischen Gesellschaft. Beide Seiten wünschen einen weiteren Ausbau der bisher noch bescheidenen Wirtschaftsbeziehungen. Aus Deutschland werden nach Namibia vor allem Elektrotechnik und Fahrzeuge eingeführt. Namibia führt dagegen Fleisch- und Wurstwaren und Kupfer aus. Darüber hinaus gibt es einen vielfältigen kulturellen Austausch. 1991 wurde zwischen beiden Regierungen ein Kulturabkommen abgeschlossen. Es umfasst Maßnahmen in den Bereichen Wissenschaft und Hochschulen, Sprachförderung, Medien, Filme, Literatur und Sport. In Namibia werden an ca. 30 Schulen 4000 Schülerinnen und Schüler in Deutsch als Fremdsprache unterrichtet. Deutsch als Muttersprache wird außerdem an einigen Schulen angeboten.

Was ist Liebe?

Unter dem Wort „Liebe“ wird die stärkste Zuneigung, die ein Mensch gegenüber einem anderen Menschen, Tier oder einer Sache empfinden kann, verstanden. Es bezeichnet ein Gefühl positiver, inniger und tiefer Verbundenheit. Liebe kann es in vielen Beziehungen geben, in denen Menschen leben, z. B. in der Familie als „Eltern- oder Kinderliebe“, in der Freundschaft als „Freundesliebe“ und in der Liebe zwischen Mann und Frau als „geschlechtliche Liebe“. Umgangssprachlich wird die Bezeichnung „Liebe“ auch als Ausdruck tiefer Wertschätzung oder besonderer Vorlieben verwendet. Daraus resultieren Formulierungen, wie z. B: „Ich liebe es, am Sonntag lange zu schlafen.“

6.6 Literatur und Internetadressen

Für Lehrerinnen und Lehrer

Brüning, B. (1998): „Einen Scheffel Salz zum Bündnis. Freundschaft als politische Tugend“ in: Ethik und Unterricht 1/98

Pfeiffer, S. (2005): „Nachdenken und Sprechen über Freundschaft. Reflexive Gespräche verbessern das Klassenklima“ in: Grundschulmagazin. Schwerpunkt Klassenklima. Oldenburg 1/2005, S. 33–36

Eichler, K.-D. (1999): Philosophie der Freundschaft. Leipzig

Rapsch, A. (2004): Soziologie der Freundschaft. Historische und gesellschaftliche Bedeutung von Homer bis heute. Stuttgart

Schneider, I.K. (2002): Abenteuer Freundschaft. Geschichten und Materialien für eine lernbereichsübergreifende Arbeit im Unterricht der 1. und 2. Klasse. Donauwörth

Verena K. (1995): Die beste Freundin. München

Für Schülerinnen und Schüler

Härtling, P. (1990): Ben liebt Ana. Weinheim

Korschunow, I. (1988): Kinder unterm Regenbogen. Hamburg

Lindgren, A. (1962): Pipi Langstrumpf. Stuttgart und Köln

Lindgren, A. (1982): Ronja Räubertochter. Stuttgart und Köln

Lobel, A. (1976): Frosch und Kröte. München

Maar, P. (1993): Neben mir ist noch Platz. Lohr am Main

Aus dem Internet

http://www.kidsweb.de/basteln/freundschaft/baender.htm

http://www.kidsweb.at/index.php?page=Hans_im_Glueck

III. Ausblick

Schlusswort

Die inhaltlich methodische Komplexität des Faches Sachunterricht stellt hohe Ansprüche an die fachlichen und didaktisch- methodischen Kompetenzen der Lehrpersonen. Wohl in keinem anderen Fach wird von ihnen Allgemeinbildung, spezielles naturwissenschaftliches und sozialwissenschaftliches Wissen und ein pädagogisches Können erwartet, das weit über das hinaus geht, was gemeinhin als Alltags- oder Laienwissen bezeichnet wird.

Dieses Praxisbuch zum Lernen an Stationen will Lehrpersonen und Kindern helfen, die besonderen Herausforderungen des Sachunterrichts anzunehmen und kreativ zu gestalten. Es bietet direkt umsetzbares Handlungsmaterial und gibt darüber hinaus eine Vielzahl von Empfehlungen zur weiteren Auseinandersetzung mit den sechs exemplarischen Inhalten. Jedes der Themen kann in der dargestellten Komplexität, in Teilen oder in Erweiterung behandelt werden. So hat die Lehrperson die Möglichkeit, das Material der jeweiligen Lerngruppe anzupassen. Differenzierung je nach Lernvoraussetzungen und Interessen der Kinder ist durch die Wahlpflicht- und Wahlaufgaben konzeptionell bereits angelegt und kann durch gezielte Empfehlungen und Lernbegleitung durch die Lehrperson weiter ausgebaut werden. Aber auch Eltern können in das Statonenlernen integriert werden und den Lernprozess positiv unterstützen, indem sie z. B. die Betreuung bestimmter Stationen übernehmen, einzelne Kinder bei der Bearbeitung der Aufgabenstellungen individuell beraten oder Lern- und Unterrichtsgänge mit organisieren und durchführen. So lässt sich die Konzeption des Buches weiter differenzieren und verfeinern. Die Möglichkeiten der Planung und Strukturierung von Unterricht sind vielfältig. Ein breites, reflektiertes Spektrum dieser Möglichkeiten gehört zum didaktisch-methodischen Handwerkszeug jeder Lehrerin und jedes Lehrers. Das darf aber nicht darüber hinweg täuschen, dass es darauf ankommt, dass die Schülerinnen und Schüler auch lernen wollen, was ihnen im Unterricht angeboten wird. Hier kommt der „heimliche Lehrplan" der Lehrperson, ihre eigenen Haltungen und Motivationen ins Spiel. Nur wenn ich als Lehrerin das Unterrichtsthema selbst interessant und bedeutsam finde, wird es mir gelingen meine Schülerinnen und Schüler dafür zu begeistern. Das komplexe Erleben aller Beteiligten in einer Lernsituation ist viel entscheidender als künstliche methodische Arrangements. Nur wenn es den Lehrpersonen gelingt, die Ideen und Vorschläge dieses Buches zu ihren eigenen Ideen und Vorschlägen zu machen, indem sie diese mit ihrem Leben und mit ihren Erfahrungen verbinden, werden sie tatsächlich in der Praxis Lernprozesse initiieren können. Deshalb ist dieses Buch auf Ihre Mitarbeit, liebe Kolleginnen und Kollegen, angewiesen. Ich wünsche mir sehr, dass die von mir konzipierten Materialien dazu beitragen, dass es Ihnen gelingt, einen Sachunterricht durchzuführen, in dem Sie sich wie auch Ihre Schülerinnen und Schüler angeregt und aufgehoben fühlen: einen Unterricht, der es ermöglicht, in manchen Phasen produktiv, in anderen auch wieder rezeptiv zu sein, einen Unterricht, der fördert und fordert, ohne die Beteiligten zu überfordern. Die pädagogische Zielstellung dieses Buches geht damit über die Bereitstellung von „Material" hinaus. Es will die Idee von der Schule als Lebensraum unterstützen, einem Raum, in dem Erwachsene und Kinder der Welt begegnen, sie erforschen und hinterfragen.

Nachwort und Dank

Ich bedanke mich ganz herzlich bei den Kolleginnen und Kollegen, bei den Freundinnen und Freunden, die bei der Erstellung der Fotos mitgewirkt haben. Bei den einzelnen Kapiteln sind das folgende Personen:

Kapitel „Steine“: Claudia Schomaker, Manuel Foyer, Georg Rabe.

Kapitel „Zeit“: Franziska Grieger, Sebastian Schwarting, Thole Kurschentat, Heiko Albrecht, Christian Siems, Manuel Foyer, Fotoservice-Rudoba, Georg Rabe, z. T. mit freundlicher Genehmigung von Zweirad Bunjes (Oldb.).

Kapitel „Wasser“: Anett Mörs, Grundschule Friedrichsfehn, Georg Rabe.

Kapitel „Bäume“: Hartwig Fortkamp, Heiko Albrecht, Georg Rabe, z. T. mit freundlicher Genehmigung des Naturkindergartens vom Verein für Kinder e.V.

Kapitel „Räume erkunden“: Evi Kunc, Georg Rabe.

Kapitel „Freundschaft“: Heiko Albrecht, Georg Rabe.

Einen ganz herzlichen Dank auch an Thole Kurschentat, der die Symbole für dieses Buch gestaltet hat.